うちの 学童保育 イチオシの

なかま遊び

はじめの一歩〜もっともっと！

編著：学遊会

ひとなる書房

はじめに

　2020年からはじまったコロナ禍で、今までの「毎日学校あたり前」が崩れさり、学校は休校になり、子どもたちの命をあずかる学童保育は、動くどころか毎日の生活を守ることに必死でした。体温計もマスクも売っていない……でも8時から開所してください。3密は避けてください。換気をこまめにお願いします。消毒は毎日、おやつも禁止です。遊べる環境とはほど遠い状況が続き、なにをするにも制限がつく日々……みなさん本当に大変な思いをされたと思います。

　そんななか、大阪で指導員をしているふだせん（札内敏朗さん）から「まえたっぴ、本をつくりませんか？」と連絡をいただきました。ふだせんとは何度か交流させてもらっていましたが、まさか、こんな鳥取の片田舎の指導員に声をかけていただけるなんて、びっくり仰天。今あらためてこの本づくりのはじまりを振り返ると、コロナ禍で大変だったけれど、コロナ禍だったからこそzoomという新しい交流の場ができ、さまざまな地域の指導員さんとの出会いに広がり、こんなすてきな本ができたのだと思うのです。

　すてきすてきと言えども、いざ手元にとってくださった方に読んでもらって活用してもらわないと、意味がありません。なので、この本の活用の仕方、読み方を少し書かせていただきます。

　歌やしりとりなども含め、この本には60以上の遊びが載っています。1つの遊びのなかでも、チーム戦とか、人数が多い場合とか、こんなバージョンもあるよとか、そんなことも含めるとこの本に載っている遊びの数はもう数えきれません。なので読むときはこのルールでないといけない！　という読み方ではなく、基本形としてのルールと思って少し頭をやわらかくして、遊ぶ子どもたちをイメージしながら読んでもらえると楽しく読めると思います。そして実際に遊んでみると、あれ？　ちょっとここは難しいなぁとか、こんなアレンジしてみようかなとか、目の前の子どもたちにそった工夫で、また新しい遊びが生まれたら、この本の役割はもう十分に果たせているように思います。実際、私のクラブでも、『王様陣とり』は、研修で教わったときは王様はみんなに隠す遊び方でしたが、最初に堂々と王冠をつけるやり方に思いきって変えてみると、盛り上がったという経験があります。

　また、新学期や長期休暇、子どもたち同士のトラブル、子どもたちと指導員とのかかわりなどなど……いろんな場面で、どんな遊びをきっかけにしたら楽しく過ごせるかなと悩まれている指導員さんも多いと思います。それは私をはじめ、この本を書いた指導員も同じです。

「1年生が入所してきたときに、みんなで一緒に楽しく遊べないかな」「場所が狭くても、時間がなくても楽しんで遊べないかな」「オニごっこで『オニになりたくない』『（オニになったら）や～めた！』なんて言わずに遊べないかな」「投げるのが上手じゃなくても楽しめないかな」「負けたら『やめる！』じゃなくて、勝つことも負けることも楽しんでくれないかな」「みんなで力をあわせて盛り上がって遊んでほしいんだけどな」「たまには全員で遊びたいな」etc……

　この本はそんなさまざまな場面にそった、盛り上がる遊びが紹介されています。遊びの名前の右側に「リード文」がついていますので、いろんな場面を想像しながら読み進めてみてください。また、事例の最初にある遊びの「背景」には、具体的なエピソードが紹介されています。「リード文」や「背景」などを参考にしながら「この遊びで遊んでみたい！」を見つけて、子どもたちが「みんなで遊んで楽しかった！」と感じられ、「明日もやりたくて仕方ない！」と思えるような豊かな遊びの世界をつくっていってください。

　またこの本は、単なる遊びの紹介本というだけではなく、指導員さんの子どもたちへのあたたかい愛がぎっしり詰まっている本です。ことば一つひとつに、指導員さんそれぞれのこだわりや想いにあふれています。コラムは、そんな指導員さんの書き下ろしですので、コラムだけをピックアップして読み込んでみても、とても元気になれると思います。

　文章にしたらたった1ページ足らずな遊びもありますが、そこにはことばで表しきれない指導員さんと子どもたちの毎日の小さな小さなかかわりや働きかけや歩みが積み重なって、遊びが生まれたり盛り上がったりしているのだと思います。そしてそんな小さな小さな積み重ねが、「この本で大切にしていること」にある「しげルール」のお話のように、子どもたちの、しげ、大好き！　なんとか一緒に遊びたい！　というかかわりにつながっていく……あ～いいな～。こういうのが指導員をしていてたまらなくうれしい瞬間だなって思います。

あおぞら児童クラブ　前田 知彦

学遊会の思い

　「誰かを仲間外れにしようとする」「いつも同じ遊びや同じ子ども同士で遊ぶ」etc……。私たちは、そのような"遊びがやせ細ってきている"とも言える現状に危機感を覚えています。「身体も心も使って心から楽しむ」「その場にいる仲間にあわせて遊びを工夫、発展させてみんなが楽しむ」「『ひとり』じゃなく『みんな』で生きていることを感じる」「遊びのなかで人間として生きる力を育む」、私たちはそんな願いを込めて本書をつくりました。本書は単なる遊びの紹介や遊びの指導のハウツーではなく、執筆者一人ひとりのそんな遊びへの願いや遊びの魅力・ロマンを詰め込んだ財産のひとつのカタチです。

contents

part 3　気軽に、わきあいあいと遊ぶ

part 4-1　みんなでわきあいあいと　いろんな子とのかかわりあいを楽しむ

part 4-2

みんなでわきあいあいと 違いをつけながら楽しむ

part 5

仲間と一緒に力をあわせて

全員で

「表記のゆれについて」……ページによって「遊び」「あそび」や「学童保育」「学童クラブ」の表記に揺れがありますが、これはそれぞれのクラブや指導員さんたちが普段使っている呼び方やそれぞれの遊びに対する思いや考えを尊重しているためです。

本書の読み方

「〇〇しよ〜！」と、最初からこの名前で遊んでもいいですが、『助けぼいオニごっこ』（p.112）は、ある学童保育では『ちょんぎりオニ（ごっこ）』、『お隣さんの置き土産』（p.141）は、『おとなりさん』や『おみやげ』と呼ばれています。子どもたちが親しみやすい呼び方になって、学童保育の遊びの文化になるのでしょう。導入時には、遊びの名前にこだわり過ぎずに楽しんでください。

「〇〇な子どもがいて……」「〇〇な環境で……」など、その遊びをつくったり、遊んだりするに至った背景や問題意識が書かれています。読者のみなさんの「子どもへの願い」や「遊びへの願い」とも重ねつつ、遊びを導入する際のきっかけにしてみてください。

この遊びのおもしろさや魅力、遊んでほしい対象の子どもなど、導入の際に参考になる『道しるべ』を載せています。ビビッ！ ときたら遊んでみよう！

帰ってこいよ

だれでもできる単純な遊び！ ボールを打って、走って逃げ帰る、スリル満点。

室内でのハンドベース（キックベースの手打ち版）が男子の間で流行していました。女子も運動が得意な子や好奇心旺盛な子は男子の遊びのなかにときどき入って遊んでいましたが、野球のルールを知らないなどのこともあって、みんなで遊べる遊びとはなっていませんでした。そんなときに、当時5年生の男の子がハンドベースをもとに考えてくれたのが『帰ってこいよ』です。投げる・打つ・走る・タッチするなどの要素が入っており、なにより、低学年も高学年も男女関係なく汗をかきながら遊べる遊びとして、彼が卒所した今でも継承されながら遊んでいます。

場所や用意するもの

・ボール（やわらかくてはずむもの）。
・室内で行います（10畳程度の広さがあ　　OKです。スペースを区切れば室外でもできます）。室内でオニの場所、陣地、対面の線を　　ときはビニールテープを使うといいです。

遊び方

①3〜15名程度でできる遊びです。オニ　　決めて、オニはボールを持ちます。
②オニは丸のなか、オニ以外は線の外側　　陣地にいます。
③オニはみんなに向かってボールを投げ　　。

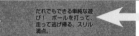

④ボールが近くに飛んできた人がボールを手で打ちます（打たず　ぬけても OK です）。
　　　　　　　　　　　　　　対面側の線まで走り、また　もといた陣地まで走って帰ります。
⑥オニは打たれた（避けられた）ボールを拾いにいき、陣地に入る前の子にボールでタッチします。タッチされた子がオニになります。タッチできなかったオニは継続です。

補足・留意点

・オニとほかの子たちの距離は、2m前後で設定すると低学年も投げられます。
・オニの投げるボールは、山なりでもバウンドしていても OK です。
・ボールを打つ子は1人。打たなかった場合は陣地の線をこえてから走り出します。
・オニがボールを拾いにいき、タッチするときはボールを投げてはいけません。

遊びのなかの子どもたち

　打ったボールが壁にあたってほかの方向にいった　　ることで、オニもほかの子どもたちもハラハラして追いかけたり逃げたりして楽しんでいる　　んな子たちが楽しんでいる様子を見て、低学年の子たちも『帰ってこいよ』入れて　　と遊びに加わる様子がありました。
　打つことが条件でしたが、打たないということがあ　　、「これもありだよね」とみんな納得してルールを確認しました。また、陣地に入る前に　　チされた子が、すぐさまほかの子にボールでタッチしたら、「陣地に入る前だから、こ　　ちにしよう」とルールが追加されました。
　ずっとオニをくり返してオニが疲れてきたら、「俺　　わってあげるよ」とやさしい言葉がけをする子も見られました。「オニを何度もくり返す　　大変だから……」と、よかれと思って指導員が先回りして「オニを3回続けたら交代」とい　　ルールを決めても、子どもたちは一緒に遊んでいる子の気持ちを汲みながら考えて　　いるのですね。
　ハンドベースがはやっていたとき、「男子がホール　　　しているよね」「ハンドベースが優先されてない？」という声が女子のなかから上がりま　　、じつは私たち指導員も同様に感じていたため、ホールの使い方と遊び方をみんなで話しあ　　機会もたくさんとりました。時間を相談し、調整して使うような方法がとられてきました　　男女が対立してしまいギクシャクしていました。そんななかで、この遊びは、男女が一緒　　遊び、ギクシャクした雰囲気を打破してくれた遊びでした。
　これを考えてくれた5年生男子も、なにかみんな　　きるものを模索してくれたのだと思います。そんなまわりの雰囲気や空気感を感じとった　　工夫して提案できるのも、学童保育での毎日の生活があってのことと感じています。（　　）

必要なものなどを載せています。その遊びをより楽しむための「オリジナルの道具」があったりしますので、ぜひ子どもたちと一緒につくってみてください。

基本的な遊び方・細かなルール・もっと楽しむための工夫を載せています。それぞれの学童保育の環境や子どもたちにあわせて柔軟に変えていってくださいね。子どもたちと一緒に「ローカルルール」をつくるのもおもしろいでしょう。

実際に遊んだときの子どもたちの様子を載せています。どのように展開されていくのかをイメージしたり、遊びの指導やかかわりのヒントになるかもしれません。

グンカン（じゃんけんゲーム）

遊びの
前に

力・年の差なんて関係ない！　だれと・どこでもできるよ！　ちょっとした時間を使って楽しもう！

　じゃんけんゲームはいっぱいあり、地域によって言い方もいっぱいあります。ここでは、私たちの地域でしている「グンカン」「チンボツ」「ハレツ」の言葉で進むゲームを紹介します。普段遊んでいるじゃんけんのかわりに遊んでみてね。

グンカン　チンボツ　ハレツ

遊び方

①２人が向かいあって「グ〜ンカン！」と言って好きな手を出します。

②勝った方が攻撃になります。グーで勝った場合は「グンカン」「グンカン」「？？？」。パーで勝った場合は「ハレツ」「ハレツ」「？？？」。チョキで勝った場合は「チンボツ」「チンボツ」「？？？」。「？？？」のところは、好きなじゃんけんの手を言って攻撃します。言った手と同じものを必ず出します。「グリン・パリン・チョリン」としているところもあります。

③負けた方も好きな手を出します。

④「？？？」のところで出した手で勝った方が攻撃になり、②と同じようにします。

⑤負けた方が勝った方の「？？？」と同じ手を出したら負けになります。

⑥グーで勝った場合は「グンカン」「？？？」「？？？」。パーで勝った場合は「ハレツ」「？？？」「？？？」。チョキで勝った場合は「チンボツ」「？？？」「？？？」。最後の「？？？」で勝負が決まります。２つ目の「？？？」がフェイントとなるパターンもあります。

遊びのなかの子どもたち

　「グンカン？　戦争みたいでいやだな」と感じる人もいるでしょう。私は、こう考えてこのゲームをしています。「軍艦は、破裂や沈没してなくなれ！　平和が一番！」と……。どう理解してするのかが大切ですね。近年、言葉づかいに敏感になってきて昔から言われてきた遊びの名前や遊びのときに使われてきた言葉に嫌悪感を持ち、大人たちからクレームがつくことも出はじめてきました。子どもたちでつくった遊びなので使われてきた言葉を大事にしたいと思います。もちろん、仲間が傷つく言葉であったり、差別的な言葉だったら子どもたちと考えあい、遊びが続けられるようにする工夫は必要ですね。（四方）

オニを決めるときの歌

さあ〜オニはだぁ〜れ？みんな集まって、ドキドキはらはら、歌が終わったらオニが決まるよ。

オニを決めるときに、歌を歌いながら手や足を使って決める方法もあります。1人の子が歌を歌いながら、指をさしてオニを決めていきます。わらべ歌のようにリズムよく子どもたちは歌います。

遊び方

オニごっこのオニを決めるとき

「♪オニきめ、オニきめ、オニじゃないよ」片足を出して、1人の子が歌いながらさしていきます。さされた子は「オニじゃない」ので出ていきます。最後に残った子がオニになります。逆に「♪オニだよ」と歌うときは、早く決められます。大勢でオニごっこをするときは、じゃんけんで決めるよりも早く決まるので、子どもたちが「オニ決めるよ〜」と言うと、みんな足を出します。

けいどろのとき

「♪とってにげるがどろぼうの子、そのあと追うのがじゅんさの子」子どもたちが円になって手で輪をつくり、1人の子が歌いながら、輪のなかに指を入れて、「泥棒」か、「警察」かを決めていきます。

遊びのなかの子どもたち

オニを決めるときに、「オニになったらいやだなぁ〜」とドキドキしながらじゃんけんをしますが、みんなで円になり、手を出し足を出して歌いながら決めていくと、なんだかワクワクします。人数が多いと「あいこでしょ！」が続いてなかなか決まらなくて、ときには「後出ししたぁ〜」なんてもめることもあり、オニを決めるだけで時間が経ち、その時点で子どもたちの気持ちもオニごっこに冷めて「やめるわ……」と言う子も出てきます。オニ決めの歌では、じゃんけんにくらべてもめることが少なく、そのなかの1人が「オニ決めるから足出して〜」と言うと、みんな足を出します。遊びの前に、みんなで円になり「今からみんなでオニごっこするぞー」といったような、仲間意識を持つことは遊びのなかでは大切ではないでしょうか。(鈴木)

新しい仲間と遊ぶ

新しく入ってきた仲間（新1年生等）は遊びも学童保育の仲間のことも「まだ知らない」「まだよくわからない」「まだうまくできない」ことがいっぱいです。でも、ルールが簡単で遊び方がすぐにわかり、難しい技術もそんなに必要なければだれだって仲間と一緒に遊べます。新しい仲間と語って走って……さぁ、一緒に遊んでみよう！

グンカンカードとりゲーム

4月の遊びにもってこい！
異年齢が混じりあい！
1年生が主人公だ！
名前も覚えられるよ！

　じゃんけんをしてカードとりをするゲームは、いたるところでしていると思います。この『グンカンカードとりゲーム』は、新1年生の名前を覚えようとアレンジした遊びです。

　4月当初は、家庭・学校・学童保育の3つの生活で不安を抱えながら登所してくる1年生。自分が仲間のなかに受け入れられている実感があればホッとします。

　そこで、みんなが簡単にあそべる『カードとりゲーム』に1年生の存在の要素を入れました。1年生を中心にすえてゲームの勝ち負けが左右されるようにしています。「自分の名前が書かれているカードがある」「自分が引くクジでカードの得点が決まり勝敗を左右することができる」「大きな声で名前を呼ばれる」などの要素です。同じチームの高学年がリーダーとして活躍できるようにと配慮もした遊びです。

場所や用意するもの

カードをつくろう！
①カードの数は、学童保育にいる人数×5枚。
②学童保育にいる1年生の名前をカード1枚に1人ずつ、同じ数だけ書きます。
③同じ数だけ名前を書いてカードの枚数があまったらクラブ名を入れておきます。
　全児童数が40人、1年生が9名の場合……用意するカードは200枚。1年生9名×22枚（＝198枚）が「1年生の名前」のカード。残りの2枚が「クラブ名」のカード。

クジをつくろう！
①「1年生の人数＋1」個のクジの棒を用意します（割り箸でもいいです）。
②クジ1つ1つに点数を書き込みます（10点・7点・5点・3点・1点を適当に振り分けます）。
③グループの枚数分の計算用紙を用意します。

遊び方

①チームを複数決めます（私のクラブでは12班あったので2班合体で6チームつくっていました）。
②カードをよく切り、1人5枚ずつカードを持ちます。
③一斉に散らばり、違うチームのだれかにタッチします。
④タッチしたら、グンカンゲームをして勝った方が負けた子からカードを1枚もらいます。

⑤同じ子に２回連続でタッチしてはいけません。

⑥時間がくるまでタッチしあい、カードのとりあいをします。

⑦負けこんでカードがなくなれば、同じチームの人からカードを分けてもらいゲームを続けます。

⑧時間がきたら、チームごとに集まって座ります。

⑨１年生を呼び、１人１本ずつクジを引き、その子の名前のカードの点数を決めていきます。カードの点数は、１ゲームごとにクジを引くので変化していきます（引いてもらうときに名前を大きな声で呼びながらします）。

⑩あまったクジがクラブ名のカードの点数になります。

⑪チームのカードを集めて、点数を足していき、一番多い点数のチームが１位となります。

遊びのなかの子どもたち

　得点の集計は、カードがたくさんあり、かけ算・たし算などをしなくてはなりません。上級生の頭脳が問われます。低学年からは、すごいな！　のまなざしがあります。このグンカンカードとりゲーム大会をするなかで、クラブの仲間の絆を深めるスタートがきれました。１年間このカードは使えて、１年生にとってはうれしいカードになりました。（四方）

王様と旅人

年の差関係なし！　だれだって王様になれる！遊びながら会話もできてみんなと仲よくなれるよ！

　新1年生を迎えてみんなの名前を覚えよう！　つながりを深めよう！　遊びを覚えよう！と、4月によくする遊びで、異年齢の子どもたちがほのぼのとつながりあえる遊びです。やり方を工夫すれば、チーム戦もできます。上級生のリーダーとしての経験もできるよ！

　並んで座るところがあれば、いつでもどこでもできる遊びです。力の差・年の差なんか関係なく混ざって楽しく遊べます。人数関係なしでたくさんの人とあそべるよ。

遊び方

①「旅人」は目の前の「家来」とグンカンをします。「旅人」が勝つと王様側の１つ隣の「家来」とグンカンをします。「家来」が勝つと「旅人」は「家来」が座っていた場所に座ります。その「家来」は「旅人」になり、王様側の「家来」とグンカンをします。

②出世して「女王様・王様」のところまでいくと、「旅人」は「女王様・王様よろしくお願いします」とていねいにあいさつをしてからグンカンをします。ていねいなあいさつをする前にグンカンをすると無礼者となり、１番下の「家来」の位置から、再スタートします。男の子でも女王様になれます。

③「旅人」が「王様」に勝つと「王様」になり、「王様」は「旅人」となり１番下の「家来」とグンカンをします。王様が勝った場合はそのままです。

④時間を決めて行い、最後に「王様」になっていた人が、勝者となります。

チーム戦の遊び方

　チーム戦は個人戦と違ってゲームが終わるまでどちらが勝つのかわかりません。「旅人」の得点も勝負に大きく影響するので、緊張感は最後まで保たれます。1年生を迎えるときに名前や性格をつかむのにとってもいいゲームになります。仲間の名前を覚えよう！

　チーム戦のときは、「得点ペンダント」をつくろう。「王様（10点）」1つ、「女王様（9点）」1つ、「騎士（6点）」3つ、「旅

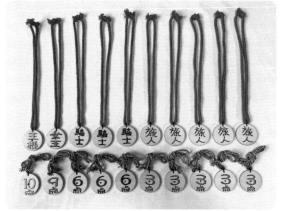

得点ペンダント（表裏）

人（3点）」人数分。

①2チームに分かれます。チームごとに並ぶ順番を決めます（班対抗をよくしました）。

②代表者がじゃんけんをして勝った側が「王様」になり、負けた方が「女王様」になります。そのほかの役は交互にポジションに入ります。「旅人」も交互です。

③それぞれの役の人はペンダントを持ってスタートします。グンカンをして入れ替わったら、ペンダントをわたします。

④時間がきた時点で、ペンダントの点数をチームごとに集めて多い点数のチームが勝ちです。最後のグンカン勝負のときも点数が変わるので気が抜けません！　大逆転もあるのですから！

遊びのなかの子どもたち

　毎年4月に班対抗で遊び大会をしており、『王様と旅人』は、その定番になっています。クラブの遊びには、グンカンが頻繁に使われるのでグンカンは必修項目です。この遊びをすることで1年生はグンカンを覚えます。大会が終わると「家でお父さん・お母さんとグンカンしたよ！」とうれしそうに報告してくれます。クラブのなかでもおやつ時に「グンカンやらない？」とまわりに言って、あちらこちらでグンカンがはじまります。ほんのちょっとした時間の交流にもなっておだやかなひとときになっています。チーム戦は、並び方や得点の集計などリーダーの力も必要です。4月のこの大会は、最上級生にとってリーダーの自覚をさそうきっかけになり、期待のなかで新年度がスタートしていきます。（四方）

スリーアウト

　学童保育に入会した1年生は、ドッジボールに興味を持ち、ボールを持つところからはじまります。そして、投げあい－受けあいや、転がしドッジ、あてオニ、ドッジボールとボールを使っていろんな遊びを体験していきます。でも、いきなりドッジボールをしても、うまくいかず楽しめないこともあるでしょう。そんな子どもたちにとっても「投げる」「受ける」ことを楽しみながら上達していける遊びです。

　最初は「1人で壁（塀）にボールをあてて拾う」だけだったのですが、それをくり返していくうちに1人ではなく2人、3人……と並んで順番に投げ受けをくり返して遊ぶようになりました。前の子が投げたボールをうまくキャッチできたらOKで、1回で受けられず地面に3回ついたらアウトになるルールになり、あそびのネーミングも『スリーアウト』と子どもたちが決めました。

遊び方

①壁（塀）に向かって、縦一列に並ぶ。
②前の人から順番に壁にボールをあてて、次の人は、ボールが３回地面につく前にキャッチする。
③キャッチできないときは「アウト！」と言われ抜けていき、最後まで残った子が勝ち。

補足・留意点

・次の人がキャッチしやすいボールを意識して投げること（低過ぎたり横にいき過ぎたりしないように）。
・順番を待っているときは、受ける人のじゃまにならないように待つこと。

遊びのなかの子どもたち

　次々に「壁にボールを投げては受ける」のくり返しでシンプルな遊びなのですが、「どこにボールがいくのだろう」「（3回以内に）とれるかな」とドキドキを楽しんでいるようです。くり返して遊んでいると、3回地面につかないように受けるため、自然とキャッチの技術が上がるようになったり、投げる力がついたりします。低学年がドッジボールに入る前の段階でも楽しめるあそびです。

　また、ドッジボールをしたいけれど人数が集まらないときでも、数人で順番にボールを投げたり、受けたりして、男女関係なく遊べる遊びです。

　ボールが苦手でドッジボールに誘ってもなかなか入らず、1人で壁にボールを投げていた1年生の男の子。『スリーアウト』を上の学年の子どもたちに教えてもらい、仲間のみんなで遊んでいると、ボールの投げ受けも上手になり、自信がついたのか、いつの間にかドッジボールデビューして、高学年の子どもたちのなかに入り遊ぶようになりました。(鈴木)

帰ってこいよ

だれでもできる単純な遊び！　ボールを打って、走って逃げ帰る、スリル満点。

　　室内でのハンドベース（キックベースの手打ち版）が男子の間で流行していました。女子も運動が得意な子や好奇心旺盛な子は男子の遊びのなかにときどき入って遊んでいましたが、野球のルールを知らないなどのこともあって、みんなで遊べる遊びとはなっていませんでした。そんなときに、当時5年生の男の子がハンドベースをもとに考えてくれたのが『帰ってこいよ』です。投げる・打つ・走る・タッチするなどの要素が入っており、なにより、低学年も高学年も男女関係なく汗をかきながら遊べる遊びとして、彼が卒所した今でも継承されながら遊んでいます。

場所や用意するもの

・ボール（やわらかくてはずむもの）。
・室内で行います（10畳程度の広さがあればOKです。スペースを区切れば室外でもできます）。
　室内でオニの場所、陣地、対面の線を描くときはビニールテープを使うといいです。

遊び方

①3〜15名程度でできる遊びです。オニを決めて、オニはボールを持ちます。
②オニは丸のなか、オニ以外は線の外側の陣地にいます。
③オニはみんなに向かってボールを投げます。

④ボールが近くに飛んできた人がボールを手で打ちます（打たずに避けても OK です）。

⑤ボールを打った（避けた）タイミングで、オニ以外の子たちは、対面側の線まで走り、また
　もといた陣地まで走って帰ります。

⑥オニは打たれた（避けられた）ボールを拾いにいき、陣地に入る前の子にボールでタッチし
　ます。タッチされた子がオニになります。タッチできなかったらオニは継続です。

補足・留意点

・オニとほかの子たちの距離は、2m 前後で設定すると低学年も投げられます。

・オニの投げるボールは、山なりでもバウンドしていても OK です。

・ボールを打つ子は 1 人。打たなかった場合は陣地の線をこえてから走り出します。

・オニがボールを拾いにいき、タッチするときはボールを投げてはいけません。

遊びのなかの子どもたち

　打ったボールが壁にあたってほかの方向にいったりすることで、オニもほかの子どもたちも
ハラハラして追いかけたり逃げたりして楽しんでいます。そんな上の子たちが楽しんでいる様
子を見て、低学年の子たちも「『帰ってこいよ』入れて」と遊びに加わる様子がありました。

　打つことが条件でしたが、打たないということがあり、「これもありだよね」とみんな納得
してルールを確認しました。また、陣地に入る前にタッチされた子が、すぐさまほかの子に
ボールでタッチしたら、「陣地に入る前だから、それもありにしよう」とルールが追加されま
した。

　ずっとオニをくり返してオニが疲れてきたら、「俺、代わってあげるよ」とやさしい言葉か
けをする子も見られました。「オニを何度もくり返すと大変だから……」と、よかれと思って
指導員が先回りして「オニを 3 回続けたら交代」といったルールを決めなくても、子どもた
ちは一緒に遊んでいる子の気持ちを汲みながら考えてくれるのですね。

　ハンドベースがはやっていたとき、「男子がホール占領しているよね」「ハンドベースが優先
されてない？」という声が女子のなかから上がりました。じつは私たち指導員も同様に感じて
いたため、ホールの使い方と遊び方をみんなで話しあう機会もたくさんとりました。時間を相
談し、調整して使うような方法がとられてもきましたが、男女が対立してしまいギクシャクし
ていました。そんななかで、この遊びは、男女が一緒に遊び、ギクシャクした雰囲気を打破し
てくれた遊びでした。

　これを考えてくれた 5 年生男子も、なにかみんなでできるものを模索してくれたのだと思
います。そんなまわりの雰囲気や空気感を感じとったり、工夫して提案できるのも、学童保育
での毎日の生活があってのことだと感じています。（門田）

集団グンカンオニごっこ

山・公園でもできる単純な遊び。班で助けあい、つかまってもオニにならないチャンスがあるよ！

オニごっこはおもしろい！　山ですると隠れたりしながらできるからもっとおもしろくなるのでは？　と思って考えたのが、『集団グンカンオニごっこ』です。

異年齢で山のなかに入って遊ぶと、1年生が迷ったりしないかと不安になりますが、「上級生の遊び慣れた子と一緒だと低学年のサポートもしてくれるし大丈夫だろう！」と、班で逃げたり、追いかけたりするオニごっこにしました。

また、「低学年と一緒では、すぐにつかまってしまうのでおもしろくなくなるのでは？」と思い、グンカンに勝ってアウトを避けることができれば余裕も出ると考えて、つかまったら勝ち抜き戦のグンカン勝負をすることとしました。隠れたり、逃げたり、グンカン勝負したりと楽しみがいっぱい！　班のヒーローも生まれることもあり、とっても楽しいオニごっこだよ！

山のほかでも、団地のなかでしたり公園でしたりもしました。最近では、隠れるところは少ないけれど運動場でもします。入所式のあとにこの遊びをするのが定番になっています！　新1年生を囲ってすることで、班のなかに受け入れられるのが、早くなるからです。グンカンができない子の場合は、じゃんけん勝負をしています。何十人いてもできるオニごっこで、集団がまとまるきっかけにもなりますよ。

場所や用意するもの

1番多い班の人数分のオニの目印になるものを用意します（ベストやハチマキなど）。班の数を考えオニ班の数を決める。その分の目印を用意します。たとえば、12班あれば、オニは4班程度です（オニにつかまってグンカンするのも楽しいので、オニを多くしています）。

遊び方

①班ごとに一斉に逃げて、オニの班の人数の指導員（オニが4班の場合は指導員4人）が、各自1班分のオニの目印を持って追いかけてつかまえます（その班の様子がよくわかります）。

②班のだれか1人をつかまえると、その班全員が集まり「勝ち抜き戦」のグンカン勝負をします。

③グンカン勝負に負けた方が、オニになりほかの班をつかまえにいきます。

④時間を区切り、時間がきたら全員集まり、どこの班がオニで終わったかを確認します（公園などでは、迷子がいないかも確認できるよ！）。

⑤数回戦が終わったら、どの班がオニで終わった回数が多いかを確かめます。1番多い回数の
　班が負けになります。

⑥負けた班に罰ゲームをしてもらいます。やらないときもあります（班で歌披露や班の人数分の
　言葉を尻文字で書きみんながあてるなど、簡単な罰ゲームです。全員で盛り上がって終わります）。

補足・留意点

・オニの班は、それぞれがバラバラに違う班を追いかけるのではなく、1つの班にしぼって、
　ひと塊になってその班を追いかけます（班全員で、追う班を決めて追いかけます）。また、オニ
　の目印は隠さないで追いかけます。

・逃げる班もひと塊になって同じ方向に逃げます。迷子をつくると負けなのでリーダーがみん
　なを見ることが大切です（低学年と高学年がペアになり逃げるとひと塊になりやすいです。約
　8m以上離れないように気をつけよう）。

・グンカンは、多い人数の班にあわせて勝負します。少ない班は、だれでもいいのでだれかが
　2回して回数をあわせます（グンカン勝負は、年齢関係なしの勝負です！）。

・グンカン勝負をしていないほかのオニの班は、2つの班がグンカン勝負をしているときに勝

負がつくまで待ち伏せはせず、ほかの班を追いかけます。

・どこかに隠れても OK です。オニも隠れて班がくるのを待っても OK です。

遊びのなかの子どもたち

　私の子どものころは、自然遊びを満喫して楽しんでいました。私が勤めていたクラブは、京都の天王山の中腹にある団地にあり、必然的にクラブの子どもたちとのあそびも天王山が遊び場になりました。

　ある日、小さな沢を登りつめようかと有志を募って挑戦することになりました。途中には大小の滝がいくつかあります。緊急性がない間は、子どもたちの思いで登っていこうと心に決めていきました。

　すると、子どもたちは、個々の力量を見て、前後で足場・手がかりをしっかりと指示しあっているのです。子どもたちの危険なところでの守りあう本能が見えたのです。無事、頂きについたときの子どもたちは輝き、達成感でいっぱいでした。山遊びを堪能するなかで、守りあう心が育っていたのです。

　山を使っての遊びが広がる見通しが持てた瞬間でした。そして、山中での『集団グンカンオニごっこ』がはじまりました。

　山で遊ぶとなると、いつでもできるわけではありません。子どもたちは、やりたいときにできるのが一番なのです。団地・公園・運動場でもします。環境を上手く使って逃げたり隠れたりする、環境を遊びにとり込む実践ができました。

　異年齢で遊ぶときは、それぞれの学年の一人ひとりが満足できないと楽しめません。この遊びのなかで高学年は、みんなを引き連れて遊べることと作戦を立てられることによろこびを感じ、低学年も高学年の作戦の一員であることと、グンカン勝負なので勝利に貢献できメンバーからほめられるなかで仲間であることを実感でき、よろこびを感じています。入所式のあとにこの遊びを定番にしていますが、班のメンバーとの交流がすごくでき、1年生のお客さん状態が一気に解消されて新年度のスタートができました。（四方）

うどんつるつる

「花子１年、じゃんけん
がんばれ！」「勝ったん
かぁ。花子ナイスや」
やったぁ！　ゴールイン
や。

　　今から40年あまり前、今も所属している学童保育の指導員になったころの私が、子ども
たちに教えた集団遊びが、この『うどんつるつる』です。15名の１年生を迎えた４月に、
10数名の１〜４年生の子どもたちで、この『うどんつるつる』をして、楽しく遊ぶことが
ありました。

　　この地域の学童保育の創設期に、創設されて数年後の学童保育で、まだ集団遊びをして
遊んだ経験が少なかった子どもたちに、新１年生を迎えるあそびとして教えたあそびです。

場所や用意するもの

　　下記の図は20数名程度で遊ぶときの広さです。

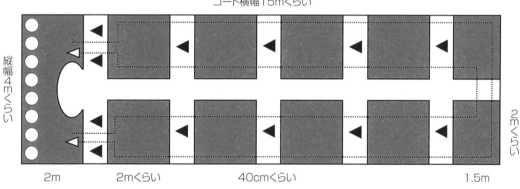

　コート横幅15mくらい

縦幅4.3mくらい

2mくらい

2m　　　2mくらい　　　40cmくらい　　　1.5m

＊○は攻めチームの子たちで、ここがスタート位置で、同時にゴールする位置です。▲は守り
　チームの子たちで、あぜ道のところを移動し、守る位置は自由です。

遊び方

①攻めチームの子たちは、上の図の一番左端の縦線のすぐ左横に、横一列に手をつないで並び
　ます。上の図はチームのみんなで「う〜ど〜ん」と言いながら、コートの外から両足をそろ
　えてその縦線を跳びこえて、コートのなかに入ったところです。

②攻めチームの子たちは、時計回りか反時計回りで、守りチームの子にタッチをつかれない
　（されない）ように進みます。進むときは、あぜ道（オニの道）を踏まずに進みます。最初に

進む方向は各自の自由ですが、一度進んだ方向は変えられません。

③攻めチームの子は、途中で守りの子にタッチをつかれるとアウトになります。アウトになった子は、コートのまわりで自分のチームの子たちを応援します。

④攻めチームの子は、目の前のあぜ道に立っている守りチームの子を指さし、「じゃんけん」と言って、じゃんけん勝負を申し込むことができます。勝つと次の田んぼに進んでいけますが、負けるとアウトになります。攻めチームの子が、スタート地点のところに戻ってこれたら、ゴールインです。ゴールした人数分だけ、得点がもらえます。

⑤ゴールしたり、アウトになったりして、攻めチーム全員が田んぼからいなくなったら、攻めと守りの役割を交代します。

補足・留意点

・1つのあぜ道のところに、守りチームの子が入る人数に制限はありません（守りチームの位置は、チームでいろんな守り方を考えて遊んでください）。

・攻めの子と守りの子がじゃんけん勝負をしているとき、そのあぜ道はじゃんけんをしている子たち以外は基本的には通ってはいけません（ただ何度も遊ぶなかで子どもたちからいろんな声が出てきて、「守りのすきを見て通っていい」というルールで遊ぶこともありました。柔軟に対応してください）。

・田んぼの横幅や縦幅を少し広げたり、狭くしても OK です。横幅を広げると守りが難しくなり、狭めると守りやすくなります。縦幅を広げると守りチームの子の守りが少し難しくなり、狭めると攻めが難しくなります。子どもたちと一緒に相談して、子どもたちが、楽しめそうな幅に調整してください。

遊びのなかの子どもたち

　とくに序盤戦では、攻めチームの子は目の前のあぜ道のところにいる守りチームの子にじゃんけんを申し込むことが多く、そのことがわかっている守りチームの上級生たちは、一番前の田んぼのあぜ道に2人ずつ並ぶ役割を1年生や2年生を与えることがよくあり、じゃんけんでなにを出すかについてアドバイスする姿もよく見られました。もちろんじゃんけんに自信のある上級生が、一番前のあぜ道に立つこともありました。

　そのため序盤戦は、一番前の田んぼのあぜ道を守る1・2年生たちの出番です。ここで一度でも二度でもじゃんけんに勝って、攻めチームの上級生を倒すことがあると守りチームの上級生から「いいぞ〜、○○ちゃん、ナイスや！」と声がかかりました。そんな声をかけられた1・2年生は思わずニッコリ。このあそびの一番のポイントがじゃんけんに勝つことなので、1・2年生も、しっかりと活躍することができる場面が生まれました。

　中盤戦では生き残っている人数が減ってくるため、攻めチームの子たちは守りチームの子の

すきを見て、次の田んぼへと進んでいく姿が見られることもありました。うまく通り抜けると、攻めチームの子は「よし！」という表情のあと思わずニッコリ。その一方で、守りチームの子もすきがあるように見せかけて、あぜ道を通り過ぎようとする子にタッチをついたりするという姿も見られました。そんなときは守りチームの子が思わずニッコリ。

　生き残っている子たちがさらに少なくなってくる終盤戦になると、ゴールに近いあぜ道に守りの子が立っていることがよくありました。ここではまた攻めチームの子が、守りチームの子にじゃんけん勝負を挑んでいく姿が見られました。（札内）

コラム

新しい仲間と一緒に

　私は指導員として、卒所していく子どもたちへの最終目標は、信頼しあえる仲間集団（親友関係）にして送り出すことだと思っています。学童保育を卒所したあとは、指導員がついていくこともできません。留守家庭でなくなるわけでもありません。子どもたち自身で放課後の生活を送るのです。だからこそ信頼しあえる仲間がたくさんいれば安心して放課後の生活を送れると思います。

　学童保育では、子どもたちがつながりやすい環境づくりが大切です。それは……

①みんなの名前を覚えること

　新学期になると楽しく名前を覚えられるように自己紹介を入れながらのゲーム大会（『グンカンカードとり』『王様と旅人』『山道』）を班対抗でします。楽しく、勝ちたい要求もあり、必死に名前を教えあうので覚えるのも早いです。名前を知ると声もかけやすくなり、グッと関係性が近くなります。

②みんなが学童保育でする遊び（遊び方）を知ること

　あそびを「する・しない」の自由は、その子がすべての遊びを知っているからこそ保障できます。ルールがややこしい遊びは、チーム戦ができるように変形をしながらゲーム大会（『天地』『ホールインボール』）をします。個別に遊ぶと新人が入るたびに教えるので、辛くなってきます。チーム戦にすれば勝つために新人を教えることも要求となり、大会が終われば全員が覚えます。

　技量が必要な遊び（コマや一輪車）は、基本のところができるまでの教室をみんなでします。初めての子は上級生に教えてもらい、上級生の子は、教えることによって技術を理解するとともに技量や個々の子への接し方を覚えていきます。どの遊びもできるようになるとやりたい遊びにいつでも入れ、関係性が広がります。

③遊びに入りたいときはいつでも入れること

　マンカラなど2人限定の盤だと3人目は待つしかありません。分割して1人ずつの盤があれば待つこともなく何人とでもできます。すべての遊びに「入れて！」ときたら即入れるように工夫をします。

　人をなにかの理由（人数制限など）で切ることもないので受容の心が生まれます。アウトになっても復帰のメドが立つことも大切です（『サバイバルドッジ』『SOS遊び』な

ど）。メドがわかっているとアウトサイドからの応援にも力が入り一体感ができます。

④異年齢で楽しく遊べて挑戦できること

　低学年がいるからおもしろい！　高学年がいるからいろんな作戦が生まれて遊びが盛り上がるなどの工夫を入れると（『止まり木オニごっこ』『サバイバルドッジ』『SOS遊び』など）やさしさやあこがれが生まれると同時にまとめる力もついていきます。

⑤思いをぶつけあうあったかい雰囲気があること

　いろんなことでぶつかりあうのってあたり前のことです。指導員も含めて完璧な人間はいないのですから、思いをぶつけあい他者の思いを聞くことによって自分の至らないことや相手のやさしいところも見つけられて育ちあいます。

　だれかが失敗してもそれはその子だけのせいではありません。自分も含めて一緒に生活をしているみんなの影響を受けての失敗だと思うと、あったかい心で考えられてともに成長できます（「あったかルール」など）。信頼しあえる仲間になれます。

⑥みんなにこだわりを持つ集団であること

　学童保育の子たちみんなが仲間一人ひとりにこだわりが持てたら、みんなが楽しめるようにしたくなります。指導員も子どもたちと同じ目線で遊ぶとそれがよく見えます。子どもたちの声が聞かれます。そして、落ち込んだ子を見つけたらどうしたらいいのか？　おもしろくなさそうな子がいたら遊びをどう変化させたらいいのかを考えていきます（遊び開発研究所など）。子どもたちのなかに遊びを変化させる創作能力やともに楽しむ共生能力が培われます。

学童保育生活を振り返ってみましょう！

　新学期になれば、新1年生を迎えるとともに、最上級生が卒所して中心になるリーダーが育ちきらないところから毎年はじまります。それこそみんなが新しい仲間です。遊びもいままでできていたからそれでいいと思っていませんか？　年度の終わりはスムーズに遊べたけれど、子ども集団が変わったのですよ！　集団が変われば遊び方も変わります。1年間を通して子どもたちがあったかくつながるように生活や遊びの流れを感じて成長できるように日々を過ごしましょう。子どもたちの興味を察知して新たな挑戦を見つけると、自分たちが新たな歴史をつくったと誇らしく思い、仲間と学童保育が大好きになるでしょう。今までこれでうまくできたからそれでいいやと思わず、行事やとり組みもその年その年の子どもたちと一緒につくろうという気持ちが大切です。

　今、一番大切なのは、今きている子どもたちなのですから！　　　　　　（四方　則行）

part
2

ささいな場面、
ささやかなもので遊ぶ

「子どもたちに少しの時間でも遊ばせてあげたい……」そんな思いを日々持っているのではないでしょうか。遊びって工夫次第でどんなときもどんなものでも遊びにつなげていけます。また、子どもたちが今遊んでいる遊びを展開して、その遊びがずっとその学童保育に根付いていくこともあります。子どもたちが「なんかひま〜」と言ったときにすぐに遊べるシンプルな遊びの紹介です‼

しりとりグリコ

身体も使ったしりとりで、だれが1番早くゴールするかな？

子どもたちの「ひま～なんかしょう～」からはじまった遊びです。学校にある階段で、低学年と「じゃんけんグリコ」をして遊んでいました。勝って前に進みたい！　でも「じゃんけん」なので、技能や力は関係なく公平で、上手・下手がなく、だれでもあそべる昔からある遊びです。最初に全員が大きな声で「グ・リ・コ」とじゃんけんして、「グリコ・チョコレート・パイナップル」とテンポよくはじまるところからしりとりに発展した進化系の遊びです。

遊び方

①基本的な遊び方は「グリコ」と同じです。
②一列に並び、ゴールをどこまでか決めて、じゃんけんに勝った人からしりとりをしながら前に進みます。いかに長い言葉でしりとりをしてゴールするかを競います。

補足・留意点

ほかにもいろんな遊び方があります。

『平面グリコ』

1人の子が、階段はすぐに勝負がつくので、平面なところで「今度はここから向こうの壁までしよう～」と言いだし、地面に線を描き「ここからスタート！」とはじまりまし

た。自分の歩幅にあわせて進みます。

『変形グリコ』

じゃんけんをして勝った手で「グ・チ・パ」のつく言葉を探します。言葉は長ければ長いほど、先に進めるので、できるだけ長い言葉を探します。頭を使いながらの「グリコ」です。

遊びのなかの子どもたち

学年関係なくだれでもすぐに遊べて、言葉を考えながらだれよりも前へ進み早くゴールしたい！　そんな思いを持ちながらの遊びです。1人で運動場をウロウロしている子に声をかけて仲間に入れます。まわりにいる子どもたちは「みんな大きな声を出してなんだか楽しそう～」「なにしているの？　入れて～」と入ってきます。言葉を探すのに時間がかかる子もいるので、ある程度時間を決めるときもあります。(鈴木)

輪ゴムでグルポン！

単純でシンプルな遊び！個人・団体戦もOK。輪ゴムの動きを見ると思わず笑いも飛び出ることも！

　　定年退職して代替指導員になり、子どもたちとのつながりも薄くなるので、短い時間のなかでなんとかつながりを深める遊びはないかな？　と思い、子どものころ、テーブルになにげなくからまった輪ゴムを指先で転がして輪に戻す遊びをしていたのを思い出しつくりました。

　　机の上にある輪ゴムを指先でひねるとゴム自身がねじりを落ちつかせようと動きます。まるで生きもののように動くので見ているだけで楽しいです。からまり方を見て「わあー！　ダンゴムシや！」「イモムシや！」と思わず言ってしまいます。からんだ輪ゴムを指先で押したり引いたりして輪に戻すゲームです。異年齢で遊んでもよし！　個人戦やチーム戦もよし！　小さな輪になって遊ぶので親密度が深まることまちがいなしです。

場所や用意するもの

・茶色の輪ゴム（1点ゴム）：1人につき5本程度
・カラー輪ゴム（2点ゴム）：1人につき2本程度（1点ゴムより少なめにします）

遊び方

①机か床のまわりにメンバーが輪になって座ります。

②人数×5本の茶色輪ゴムと人数×2本のカラーゴムを机（床）の上にまきます（人数と遊ぶ時間によってゴムの本数は、変えます）。1本1本の輪ゴムを手のひらで押してからませます。全部の輪ゴムをねじりからませたら、じゃんけんをして順番を決めます。

③はじめは、必ず1点ゴムから挑戦します。失敗したら、右隣の人が挑戦していきます。ゴムがきれいな輪に戻ったら、そのゴムをゲットして、続けて2点ゴムに挑戦できます。2点ゴムも輪に戻ったら、そのゴムをゲットして、続けて1点ゴムに挑戦します。

　　連続成功した場合の挑戦の仕方：1点ゴム→2点ゴム→1点ゴム→2点ゴム→1点ゴム

④輪ゴムのもつれをほどくのは、指先第一関節までしか使えません。指先を往復させての挑戦はダメです。必ず、左右前後どちらか1方向だけ動かします。チャレンジは1回ずつで交代していきます。ねじれのない輪に戻ればその輪ゴムをゲットします。

⑤全部輪になったら得点を数えて順位を決めます。

補足・留意点

・チーム戦ですると、勝負がさらにおもしろくなります。個人戦だと自分の回だけが大きく気になりますが、チーム戦だとほかの人の動きも気になり集中できます。
・2チームでする場合は、チームメンバーが交互に並びゲームをします。
・班対抗の場合は、1つのコートに各チームから1人ずつ出し、試合するコートをいっぱいいっくり、チームの総点数を数えて勝敗を決めます。

遊びのなかの子どもたち

　私は、クラブにいくときは、いつもポシェットにゴムを入れて持ち歩いています。子どもたちは、おやつを食べ終わるころに「しかやん、ゴムかして？」と言ってきます。貸すとテーブルに戻って、班のみんなと『輪ゴムでグルポン』をしはじめます。短い時間だけれど班での親睦が深まっていました。単純なルールであることと指先1本の操作なのでだれでも参加しやすいので「寄せて！（入れて！）」の声が気軽になり仲間の輪が広がりました。（四方）

じゃんけんブランコ

単純なリズムが魅力！高学年は大胆なジャンプでテンポよく。ルールを守って安全に。

　グラウンドにあるブランコは4台。ルールは一応あるものの、低学年はしょっちゅうもめています。低学年と一緒の時間では、高学年は遠慮してブランコには乗りません。

　思いっきりブランコに乗りたいという5、6年生7人と、夕方グラウンドに出ました。乗れるのは4人で、早い者勝ちのようにブランコのとりあいになっていたので、「順番にじゃんけんしていこう」。それだけだったのに、ダイナミックなジャンプとテンポのいいじゃんけんがめちゃくちゃおもしろくて、毎日のように暗くなるまで遊びました。

遊び方

①じゃんけんして勝った子どもがブランコに乗ります。

②しばらくこいだあと待っている子どもは左側のブランコから順番にじゃんけんをしていきます。負けた子は右側のじゃんけんの列に並ぶ、をくり返して遊びます。

補足・留意点

・ブランコをこいでいる子と衝突しないようにじゃんけんをするラインを決めます。

・ブランコに乗ったまま上手にじゃんけんする子もいますが、言葉で「グー」「チョキ」「パー」と言うこともOKです。

・ブランコをこいでいる子が負けたとき、その子がブランコをおりるまでは交代できないルールにします。

遊びのなかの子どもたち

　低学年と遊んだとき、勝った子が、交代することにあせって止めにいこうとしたり、近づいてじゃんけんしようとしたり、危ないと感じたことがありました。わかりやすいラインと交代するときのルールを決めておくことが大事だと思いました。

　高学年たちは、その点では問題なく距離をとってじゃんけんしたり、おりるときはみんなジャンプでおりるので、リズムがついてスムーズに流れています。展開が早くてブランコに乗っている気分にはならないものの、みんなケラケラ笑いながら楽しんでいました。「高学年だけの楽しみ」ということだったのかもしれません。(重木)

じゃんけい

じゃんけん＋オニごっこの超シンプル版！　ドキドキしながら追いかける－かけられるを楽しもう！

足の速さに違いのあるいろんな子どもたちがかかわりあって、ドキドキしながら楽しんでほしい！　勝つだけではない楽しさをもっと感じてほしい！と思ってつくった遊びです。「じゃんけんでけいどろ（警察と泥棒）が決まる」、略して『じゃんけい』です。

遊び方

①安全地帯を２つつくって線でむすび、線の上でお互いに向かいあって、どちらか片足を前に出して爪先同士をくっつける。
②じゃんけんをして、勝った方が「警察」、負けた方が「泥棒」になって、警察は泥棒を素早く追いかける。
③泥棒は警察にタッチされたらつかまったことになる。ただし、泥棒は警察にタッチされる前に安全地帯に入ったら（逃げ込めたら）セーフ。

補足・留意点

・「安全地帯」は、「木」や「遊具」、「壁」など、なんでもOKです。
・安全地帯を３つつくって三角形にすると、もっといろんな子があちこちで遊べます
・３人以上で遊んでみてもおもしろいですよ！（遊び方は考えてみてくださいね）

遊びのなかの子どもたち

子どもの性格がよく出て、「足が速い子」「勝気の強い子」ほど、「絶対につかまるのだけは勘弁！」と、じゃんけんで勝っても追いかけずになぜか逃げてしまうのがおもしろいところ。一方、負けることなんか気にしない子は、じゃんけんで勝とうが負けようがすぐに手を出してタッチをしようとします。また、足の速さに自信がある子とない子が対決するときには、２人で話して「線の（まんなかじゃなくて）ここなら勝負してもいいよ」と折りあいをつけて、釣りあう場所を探してもいました。そうやって「足の速い遅い」や「つかまえた－逃げられた」にとらわれずに、いろんな仲間と一緒に楽しむ遊びになりました。（鍋倉）

コラム

少ない時間でも楽しみたい

　学校から子どもたちの帰りが遅くなり、宿題をしないといけない、塾や習い事にいかないといけない……毎日忙しい日々を送っている子どもたち。そんななかでも、学童保育で大切にしている遊びを限られた時間に保障してあげたいと思っています。

　子どもたちは、宿題を終えると「やった～！」とよろこび勇んで外へ飛び出していきます。また、先に宿題を終えた子どもたちは、部屋の外から「まだ終わらんの？」と声をかけにいきます。仲間が集まるまでボールを手にして待っている子もいます。子どもたちは、宿題が終わるのと同時にすでに遊びモードに入り、先に遊んでいる子に「入れて～」と入っていきます。私も、子どもたちの宿題が一段落したら外へ飛び出します！「さあ～今日は子どもたちとなにして遊ぼうかな？」と様子を見にいくと、子どもたちは宿題をしていた顔とは違い、生きいきと遊んでいます。全力で遊んでいる子どもたちを見て「やっぱり遊びっていいな～」と実感します。

　しかし、なかには1人でふらふらしている子や遊びに入れない子もいます。そんな子どもたちに、「なにかして遊ぼう？」と声をかけると、「おかえりまであと10分しかないやん……」と言われるときもあります。そんなときは、「あと10分もあるやん」とまわりの子を集めます。そして、遊具を使った『うんていじゃんけん』や『平面グリコ』などすぐにできる遊びを提案します。子どもの「あと10分しかない……」に、私は「10分もあればまだまだ遊べるやん」と思っています。指導員が遊びを工夫することや、遊びの引き出しを持っていることで、少しの時間でも子どもたちと遊び込むこともできます。

　遊びが盛り上がったところでおかえりの時間になり、子どもたちがそれぞれ部屋へ戻っていくときに、「また明日あそぼな～」「明日も続きしような～」と子どもたちの声が聞こえてきます。「あ～今日も楽しかったなあ」と思える瞬間です。

　時間に追われている子どもたちですが、遊びは子どもたちにとってどれだけ心に残るのかではないでしょうか。子どもたちの「もっと遊びたい！」の思いが増えれば、子ども同士で場所や時間など工夫して、遊びの世界がもっと広がることと思います。

　そして、指導員も限られた時間、少しの時間でも子どもたちと遊びを共有し、子どもたちと「もっと楽しみたい」と思う願いが増えれば、いろいろな遊びを通して子どもたちとのかかわりができるのではないでしょうか。

（鈴木 理恵子）

気軽に、わきあいあいと遊ぶ

小学生ならどんな子どもでも楽しめるいろんなオニごっこや遊具を使ったあそびが紹介されています。これらのあそびは、ルールのあるあそびの入門編、初級者編にあたるあそびです。その一歩手前にあるあそびもあります。「流しそうめん!?」「うわ～、やってみた～い！」と子どもたちが思うような楽しいあそびがいっぱい！　子どもたちと気軽に、わきあいあいと楽しく遊んでみよう。

遊具で遊ぼう

遊具は工夫次第でいろいろな遊び方があるよ。遊具の世界を体験してみよう！

『リンゴが３つ（ジャングルジム）』

　オニを１人決め、オニ以外の子はジャングルジムのまわりに自分の陣地を決めます。全員地面に絵を描けるように木の枝や石を用意します。オニがお題を出し、たとえば「リンゴ３つ」と言えばリンゴの絵を３つ、「鉛筆を５本」と言えば鉛筆の絵を５つ、「魚を２匹」と言えば魚の絵を２つ描きます。オニが言った絵を描いたら、すぐにジャングルジムに登ります。オ

ニはお題を言ったら、お題の数（リンゴが３つなら３周・鉛筆５本なら５周）だけジャングルジムのまわりを回り、回った数だけジャングルジムを登れます。その範囲でタッチしにいき、タッチされた子がオニになります。オニごっことお絵描きが混ざった遊びです。

『パチンコ（ジャングルジム）』

　オニがジャングルジムに向かってドッジボールを投げて、あてると交代する遊びです。ジャングルジムにボールを投げると、ボールが跳ね返りパチンコの玉のようにどこに飛んでいくかわからない楽しさがあり、あたらないようにジャングルジムのなかで逃げます。子どもたちは、まずボールにあたらないようにジャングルジムのなかの方に隠れますが、ジャングルジムの

それぞれの立方体のなかで跳ね返るなかで、あたらないようにハラハラしながら逃げるのを楽しみます。なにげない遊びにみえますが、ボールのいき先はつかめなくてジャングルジムのなかでボールの動きも楽しいです。遊具とボールとオニごっこ、３つあわせての遊びです。

『うんていじゃんけん（うんてい）』

　２つのチームがうんていの両端に分かれて、順番にうんていをして、出会ったところで足でじゃんけんをします。勝ったら進み、負けたら戻り、次の人が進み、出会ったらまたじゃんけんします。うんていから落ちたり、手を離したりすると戻ります。先に相手のスタートのところへつけば勝利します。足じゃんけん

は、グーが足を閉じる、チョキが足を前後に広げる、パーが足を左右に広げる、です。

『すべり台問題（すべり台）』

　問題を出す人を1人決めます。ほかの人は、すべり台に登って順番を待ちます。問題を出す人は、すべり台のまんなかあたりに立ち、この関所を通らないと進めません。すべってくる1人ずつに問題や質問を出します。正解するとすべれますが、正解しないとすべれません。次々に質問や問題を出し、答えることができたら、「正解‼」と言って通します。電車の遮断機のようなイメージです。

（例）「1＋5は？」→「6」
　　　「10＋80は？」→「90」
　　　「『あ』のつくもの3つ言って！」→「あめ・アイス・あたま」
　　　「好きな動物を答えて！」→「パンダ」

『シーソーてんびん（シーソー）』

　シーソーをして遊ぶとき、両方に分かれて、ぴったりつりあうように子どもたちが自分の体重を考えて、移動したり、前後ろ入れ替わったりしながら、てんびんのようにします。足をつかないで平行になるように考えます。ぴったりつりあったときは感動します。子どもたちがシーソーで、頭を使いながら遊びます。

遊びのなかの子どもたち

　入会した1年生や低学年は、まず遊具に集まって遊びます。また、「することないから……」と1人で遊具にいる子を見かけるときがあります。1つの遊具に何人もが一緒にいますが、じつはみんなでなにかをして遊んでいるのではなくて、一人ひとりが個々で遊んでいる姿を見かけます。そんなときは声をかけて遊具を使っての遊びに誘います。遊具の特性をいかして、遊びながら子どもたちの関係をつくっていきます。遊具は低学年の遊びのように思いがちですが、遊具での遊びのおもしろさを経験すると、高学年も遊びに入ります。そして高学年が手加減しながら異年齢の子どもたちと関係をつくっていきます。（鈴木）

流しそうめん

子どもたちが公園のらせん状のすべ
り台があるアスレチック遊具でいつの
間にか生み出したオニごっこ遊びです。

遊び方

①オニ役の子は、アスレチックの上には上が
れず、アスレチックの真下やまわりにい
ます。オニは1人です。逃げる子たちは、
アスレチックの上にも真下やまわりにも
いくことができます。

②子どもたちはらせん状のすべり台をすべる
ことが大好きです。だからオニ役の子は
逃げる子たちがすべり台をすべりおりて
くることをしっかりと意識しながら、ア
スレチックの下やまわりで待っています。
オニにタッチをつかれるとオニは交代で
す。

③逃げる子がすべり台をすべりおりて地面に
足をつくと、オニは素早く10を数えます。
そのあとオニにタッチをつかれるとアウ
トになります。このルールは、すべり台
をおりてきた子とオニがぶつかりあわな
いようにするために加えたようです。

補足・留意点

このあそびは、自分たちのあそび場の条件
を生かして、子どもたちがつくりだしたあそ
びです。子どもたちがあそびをつくりだして
いく力を育んでいくこと。そしてあそび場の
条件を生かして、あそびをつくりだしていく
ことはとても大切にしたいことです。

遊びのなかの子どもたち

私は「これはまた、おもしろそうなあそび
をはじめたなぁ」とうれしく思いました。1
年生も走ることに自信がない子も、『流しそ
うめん』には楽しそうに参加しています。逃
げる子が大好きならせん状のすべり台をすべ
りおりてくると、オニ役の子はここぞとばか
りにその場へいきます。逃げる子は少しでも
油断をしていると10を数えたオニにタッチ
をつかれます。『流しそうめん』は、オニが
タッチをつく見通しを持ちやすいあそびで
す。

なぜ『流しそうめん』と名づけられたの
か？　それは子どもたちはこの遊具にあるら
せん状のすべり台を、流しそうめんのように
すべりおりているからです。（札内）

リンゴの皮むき

「次はハイキングや」
……「次はこんなテーマ
はどうかな?」オニ役の
子も楽しいよ!

　私が子どものころに遊んだ『馬とび』というあそびを子どもたちに教えてあげたことが
ありました。『リンゴの皮むき』はそのときに、学童保育の3年生の女の子に教えても
らったあそびです。『リンゴの皮むき』は『馬とび』を工夫したあそびでした。このあそ
びは私にとっても子どもたちにとっても、とても楽しいあそびでした。

遊び方

①地面に3〜4mくらいの大きさのリンゴを描きます。

②オニは1人です。オニは地面に描いたリンゴのなかにいます。オニでない子はリンゴの丸
い線の外側に弧を描くように並びます。

③オニでない子の先頭にいる子が、このあそびのリーダーになります。

④たとえばリーダーが「国語、あいうえお、2周」とテーマを言うと、リーダーを先頭にして
オニでない子たちは、リンゴの茎をスタート地点にしてリンゴのまわりを1周します。1周
するとリンゴの茎のところで、まずリーダーの子がオニと向かいあいます。そこでオニの
「いっせぇのうでぇ」のかけ声のあとに、オニと同時にリーダーの子は「あ・い・う・え・
お」のなかの1文字の音を、たとえば「う」と発します。このときオニも「う」と言った
としたら、リーダーはアウトになり、リンゴのなかに入って待ちます。違う文字を発したら
セーフとなり、リンゴのまわりを回ってオニでない子の後ろに並びます。ほかのオニでない
子たちも順番にこのことにチャレンジしていきます。オニでない子全員のチャレンジが終
わったら、同じようにして「国語、あいうえお」の2回目のチャレンジをします。

⑤2回目のチャレンジが終わると、アウトになった子がじゃんけんをし、負けた子が次のオ
ニになります。じゃんけんで勝った子は勝った順番でセーフだった子の後ろに並び、オニ
だった子はそのまた後ろに並びます。

⑥そのときにオニでない子の先頭にいる子が、次のリーダーとなり次のテーマを決めます。
「算数、1・2・3・4・5、2周」と言って、同じようなパターンでのチャレンジもできます。

補足・留意点

この遊びは子どもたちの工夫が生まれやすい遊びです。そのいくつかを紹介します。

花の名前、2周

　「国語、あいうえお、2周」と同じように、オニでない子たちがリンゴのまわりを回り、リンゴの茎のところをまたぐときに、花の名前を言います。そのときに花の名前が言えなかったらアウトになり、リンゴのなかに入って待ちます。

虫の名前、3周

　「花の名前、2周」のパターンで、リンゴの茎をまたぐときに虫の名前を言って、リンゴのまわりを3周回ります。

白鳥（は・く・ちょ：パー・グー・チョキ）、3周

　オニでない子たちは「は・く・ちょ、は・く・ちょ……」と言いながら、両足を「パー」「グー」「チョキ」の形に変えながら、リンゴのまわりを3周回っていきます。このときオニはオニでない子たちの足の動きがまちがっていないか、リンゴの線を踏んでいないかなどに注意しながら彼らの動きを見ています。オニでない子は足の動きをまちがえたり、リンゴの線を踏んだところをオニに見つかるとアウトになります。

片目のジャック、2周

　オニでない子たちは、片目を片方の手で隠して、反対の手で片足ケンケンで上げた足首を握り、リンゴのまわりを2周します。オニに見つからなければケンケンしている足は変えられ

ます。でもオニにケンケンをする足を変えるところや両足立ちになるところを見つかったり、リンゴの線を踏んだところを見つかるとアウトになります。

ハイキング、小石5個まで

　オニでない子たちはリーダーを先頭にして並んで、ゆっくりと走り公園をかけ回っていきます。オニもその少し後ろを追っていきます。ところどころでリーダーは小石を拾うような動作をします。ほかのオニでない子も、その後ろを走るオニも、同じような動作をします。そのとき小石を拾ったか拾わなかったかは、本人しかわかっていません。公園のなかをかけ足で回りながら、リーダーはこのような動作を何度もします（10回ぐらい）。ほかの子たちも同じようにその動作をその都度します。そしてリーダーを先頭にリンゴの絵のところに戻り、まわりに並びます。オニはリンゴのなかに戻ります。どの子も利き手には何個か小石も持って（5個までですから1〜5個）、その手を握りしめています。オニでない子たちは、リーダーから順番に小石を握った利き手を前に出して、自分が握っている小石の数を言いながら手を開いていきます。最後にオニが手を開き小石の数を言います。小石の数がオニと一緒だった子がアウトになります。もしも6個以上拾った子や全く拾わなかった子がいたらその子もアウトです。

遠足

　オニでない子たちはリーダーを先頭にして並んで、ゆっくりと走り公園をかけ回っていきます。オニもその少し後ろを追っていきます。リーダーがすべり台の階段をのぼってすべり台をすべりおりると、ほかのオニでない子もオニも順番にリーダーと同じようにしてすべりおります。またリーダーがブランコに乗って3回こいでおりると、ほかのオニでない子もオニも同じようにします。このようにして公園を少し楽しんでリンゴのところに戻り、オニでない子たちはリンゴのまわりに並びオニはリンゴのなかに戻ります。そしてオニでない子たちは、リンゴの茎のところでリーダーから順番に、オニと向かいあいじゃんけんをします。このじゃんけんに負けるとアウトになります。

遊びのなかの子どもたち

　『リンゴの皮むき』では、オニでない子もオニになった子も、どの子も楽しく遊ぶことができます。異年齢の仲間のなかで、1年生も含めてみんなが楽しく遊ぶことができます。

　そして子どもたちは、自分たちの力でどんどんあそびの中身を工夫していくことができました。そんななか『リンゴの皮むき』は学童保育の伝統のあそびになっていきました。このあそびは、子どもたちが新しいテーマを生み出していくことができます。みなさんの学童保育でも、新しいテーマを生み出しながら、遊んでみてください。とても楽しいですよ。（札内）

ワープオニ

超能力でいつもの環境が
楽しい遊び場に変わる!?
走るのが苦手でも大丈夫
なオニごっこ!

　　遊び仲間を求めてよくウロウロしているけれど、なにをして遊んだらいいか、どんなふうに声をかけたらいいのかと迷ったり悩んだりしている子どもがいました。その子は、普通のオニごっこやボール遊びをすると、運動能力や（思考の）瞬発力の差もあってか、あまり楽しめずに途中で抜けていってしまうことも多いのです。彼がもっと仲間とかかわって遊べるような遊びはないかなーと思っていました。

　　ある日、室内の広い部屋でオニごっこをしていたときに、たまたま彼が近くにいました。そこで、オニになっていた私は、ある子が「壁に手をくっつけている」のを見て、「壁にタッチ！」「ビューン！　今『オニビーム』がそっちにいったから壁にさわってる人がオニね！」と言って、思いつきでつくったのがこの遊び。そのあと、こちらを見ていた彼にも呼びかけて4人で遊ぶととっても楽しそうな彼。いつの間にか低学年が次々に交ざってきてあっという間に15人に増えて遊びました。

遊び方

①オニを1人決める。

②オニが以下のことをして「タッチ」された子は次のオニになる。

・オニに直接手でタッチされたとき（普通のオニごっこと同じです）。

・オニが「○○！」と声を出して両手でさわったところと同じものをさわっていたとき（床・壁・棚・床に張ってあるテープ・マットなど）。「（謎の）オニパワー！」が「ワープ」してタッチされたことになります。

・オニがなにか（お手玉など）に「オニパワー」をワープさせたあとに、それを投げてあてたとき。

補足・留意点

・「投げる」ものについては、「あたっても痛くないものにしかオニパワーは張りつけられない」ことにする。

・「さわってた・さわってなかった」と言いあいになったときは、「オニ」になってもきついわけでもないので、「どっちかゆずってくれない？」と呼びかけ、どちらかにゆずってもらって、とにかく次から次にやってみる。きっとゆずってくれるはずです。

遊びのなかの子どもたち

　オニになった子たちは、ほかの子がどんなところにいるか、なにをさわっているかをよ〜く見ながら「壁！」「マット！」などと叫んでタッチをして楽しんでいました。様子を見ながらいろいろと考えることが楽しいようです。そんななか、「テープ！」→「床！」と何度かくり返したあとに「テープ……じゃなくて床！」と高度な"だまし技"を使い出す子が出てきました。この遊びのルールは「オニごっこ」と同じようなものですが、運動能力（走力）の高い子や（思考の）瞬発力がある子だけが楽しめるのではなく、上記のような「オニと子とのやりとりやかけ引き」がとっても楽しいのでしょう。「（とにかく）オニになりたくない」子でも、むしろオニが「（いろいろ考えられて、技を使えて）楽しい！」と感じられる遊びです。（鍋倉）

いろものオニ

『色つきオニ』の拡大版！　思いついたものがなんでもお題に。ユーモアを持って楽しもう！

　低学年の子ども2人と一緒にいたとき、近くに色のついた丸いフープが何個もあったので、それを地面にばらまいて『色つきオニ』をすることにしました。最初は色を言って普通に遊んでいたのですが、イタズラっ子がフープをとりはじめたので、そのまま「フープを使わないでできる色つきオニ」のような遊びをすることにしました。

　最初は、お題を「葉っぱ！」「すべり台！」など「目に見えて、名前があってわかりやすい（1対1対応の）もの」にしようと思ったのですが、そこにいた子どもたちは人とのかかわりに抵抗があったり苦手だったりする子どもたちでした。そのため、そんな子どもたちが、自分やお互いの発想やひらめきにおもしろさを感じて、人とかかわりあうことを楽しみながら遊んでほしいと思って、お題を「なんでもあり！」にしてみた遊びです。

遊び方

①オニを1人決めます。

②オニが「お題」を言って、子はその「お題」のものをさわります。

　・「色」や「もの」もOKです。

　・「形（まるいもの・とがったもの）」や「重さ（かるいもの・ふわふわしたもの）」など、あいまいな（抽象的な）ものでもOKです。

　・「好きな人！」「かっこいいと思う人！」「やさしい人！」など「人間」でもOKです（ただし言われた人が傷つくようなことはやめてほしいと伝えた方がいいと思います）。

③子がお題のものを見つけてさわる前にオニが子にタッチしたら、オニは交代します。

遊びのなかの子どもたち

　オニの私が「さんかく（三角）のもの!!」と言うと、2年生女子は、三角コーンを見つけて「これ三角！」と言ってそれをさわりました。一方、2年生男子はまわりを見回すも三角のものが見つからず動けません。大あわてをしていた彼……ですが、なにやら手を動かしはじめると、両手をあわせて自分の指で三角をつくって「三角！」と（笑）。まさかそうくるとは……。その2年生男子と私のやりとりを見て笑っていたまわりの子どもたち。次に私が「四角のもの！」と言うと……案の定、子どもたちはみんな手で「四角」をつくっていました。おもしろいことはマネをしたいのでしょうね。

　さて、それからも、「重たいもの！」ではイタズラっ子が持っていた「超でかい石」、「危ないもの！」では持っていた「でかい石（投げたら危ないから）」、「棒（とがってて危ないから）」など、子どもたちは自分なりにお題にあうようなものや、その理由（言いわけ）を考えながら楽しんでいました。（鍋倉）

3丁目のゴリラ

なぜゴリラ？　文字数で決まる何丁目。みんなで考えてオニから逃げよう。

　　学年関係なくだれでも遊べて、オニになっても楽しい遊びです。オニごっこのような遊びですが、場所も人数によって工夫できます。ラインを2本引いただけで追いかけたりつかまえたりできます。また、クイズ方式なのでおふざけもしながら笑いのある楽しい遊びです。

遊び方

①はじめにオニを1人決めます。

②ラインを2本、離して引きます。オニはラインとラインのまんなかに立ちます。そのほかの子どもたちは、片方のラインのところに並びます。オニが出したお題に正解したら反対のラインのところへ、オニにタッチされないように走り、タッチされたらオニになります。タッチできなかったらもう一度オニはお題を出します。

③オニは「〇丁目の〇〇」とお題を出します。オニが考えている言葉（単語）をほかの子どもたちがあてて、正解ならオニが「正解‼」まちがっていたら「ブー」と言い、オニが思っている答えをあてるまで続きます。

たとえば正解が「くつ」なら　　　2文字で最初の文字が「く」「2丁目のく」

　　　　　　「ピアノ」なら　　　3文字で最初の文字が「ピ」「3丁目のピ」

　　　　　　「ひこうき」なら　　4文字で最初の文字が「ひ」「4丁目のひ」

文字数が増えると丁目が増えていきます。オニの思っている言葉をあてながらオニごっこをします。

補足・留意点

　　人数が多いときは、オニを2人決めて、一緒にお題を考えてもいいです。2人でタッチしにいくのも楽しく、答えが出ないときは、オニがヒントを出してあげると答えやすくなります。

遊びのなかの子どもたち

　　この遊びは、言葉の答えを考えることや、いつあたるかわからないドキドキ感があります。ネーミングもなぜゴリラなのかわかりませんが、「ゴリラ」も子どもたちの遊び心を誘いま

す。子どもたちは、オニになっても抵抗なく、逆にオニになって問題を出したい楽しさもある
ようです。普通のオニごっこでは、オニになってもなかなかタッチできないので途中で、「や
めていい？」と言う子もいますが、『3丁目のゴリラ』はずっと同じ子がオニになることはあ
りません。大きな声で楽しそうにしていると、なかに入ってなくても楽しいようで、まわりで
見ている子もいます。（鈴木）

日本オニ

　『手つなぎオニ』『いろものオニ』『川渡り』といろんなオニごっこで遊んできました
が、そんなオニごっこにも飽きてきていた子どもたち。「なにかおもしろい遊びはないか
……」と子どもたちと考えていたときに、ある子が「『日本』でやったら?」と言い出し
ました。それで、「日本」っぽく線を引いてやってみた遊びです。

遊び方

①基本的な遊び方は『島オニごっこ』(地面に描いた島を逃げるオニごっこ。オニは島に入れない)
　と同じです。
②地面に日本地図を描く。適当でかまいません。地図のなかはオニが入れない安全地帯です。
　近くにいろんな国を増やしてもいいです。大きさは子どもの人数にあわせてください(例:
　10人だと10×10mくらい)。
③オニを決める。オニにタッチされたらオニが交代する、もしくは増える。
④子が全員つかまったらまた最初からはじめる。

補足・留意点

・一応、線からはみ出したらオニになる(あまりこだわらずに……もしくは思いきりこだわっても
　おもしろいです)。
・1回戦が終わったあとのオニは「最初につかまった人」でも「最後につかまった人」でも
　「またオニ決めで決める」でも、子どもたちと相談して決めてみてください。

遊びのなかの子どもたち

　地面に地図を描いてみると、学校で地図を習った4年生からは「全然日本に見えん!」と
言われました(いいのです、大体で)。最初は日本だけを描いて遊んでいたのですが、子どもた
ちのリクエスト(思いつき)で、途中から「韓国」とか「ハワイ」とか子どもたちが知ってる
国が増えていきました。なかには「月」まで……もうなんでもありのようです(笑)。
　この遊びは『島オニごっこ』とまったくルールは同じなのですが、「日本」や「地図」のイ
メージがあるので、子どもたちは「沖縄にいけー!」とか「韓国に逃げろ!」とか言いながら
動き回っていて、それがおもしろいようでした。まだ日本の地理のことを習っておらず、あま

　り知らない低学年の子たちも上級生のマネをして地名を言ってるのがまたおもしろいものです。
　また、「乗りもの」が大好きでくわしく、自称「鉄（鉄道オタク）」の３年生男子がいました。
彼は、いつもは「集団遊び」にはあまり入ってこないのですが、この遊びのときは入ってきて
「○○空港から離陸します」など、飛行機になりきって動き回っていました。もちろん、私も
その子のマネをして飛行機になって飛んでいったのは言うまでもありません（笑）。このよう
に、ただの「島」ではなく「地図」というちょっとした“スパイス（イメージ）”が加わること
が、子どもにとって魅力的な遊びに映ることもあるのでしょう。「月」とか「太陽」、「ロケッ
ト」など、子どもの発想を遊びにとり入れても、おもしろくなるのかなと思います。（鍋倉）

メロン

みんな「メロン！」と叫びたい。オニがどんどん変わっていくよ。限られた場所でも遊べるよ。

　私のいた学童保育には、『メロン』によく似た『春・夏・秋・冬』というあそびがありました。子どもたちが自由遊びをしているときにきっと「『春・夏・秋・冬』もあるけど、こんなあそびもあるでぇ」と言って学童保育のあそび仲間にこの『メロン』というあそびを教えてくれた学童っ子がいたのでしょう。このあそびは子どもたちのなかで、いつの間にか、はやりはじめたあそびです。

遊び方

①まず地面に 4m くらいの大きさで田んぼの田のような形を図のように描きます。あぜ道のようなところは、幅 40cm あまりです。そのコートの横には、直径 3m くらいのメロンも描いておきます。

②まず逃げる子が、はじめにいる田んぼの場所を決めます。

③オニは 1 人です。オニは田んぼのあぜ道のところを移動します。

④逃げる子は、4か所ある四角のところをあぜ道をまたいで移動していきます。

⑤逃げる子たちは、どちらの方向に回ってもいいです。でも一度回りはじめた向きは変えられらません。

⑥逃げる子は、オニにタッチをつかれるとアウトになります。あぜ道や外側の線を踏んでもアウトになり、メロンのなかで待ちます。

⑦『メロン』をはじめるときは、オニはコートのまんなかにいます。そのオニの「ようい、スタート」のかけ声で、『メロン』ははじまります。逃げる子のだれかがコートを3周回るとその子が「メロン！」と叫びます。このときアウトになっていた子たちがじゃんけんをして、負けた子が次のオニになります。逃げる子が全員アウトになったときも、アウトになった子全員でじゃんけんをして次のオニを決めます。

補足・留意点

・逃げる子がコートのなかでなかなか動かなくなると、オニは「10秒、数えるでぇ」と言って数えはじめます。その間に逃げる子のだれかが移動しないと、逃げる子全員がアウトになります。

・この学童保育には私が教えてあげた『春・夏・秋・冬』というあそびがありました。『春・夏・秋・冬』でも『メロン』と同じ四角いコートを描いて遊びます。でも丸は描きません。4つの田んぼの一つひとつの隅には、春、夏、秋、冬と描きます。あそびをはじめるとき逃げる子たちは春のところにいます。オニはあぜ道のなかで自由に動けます。たとえばそのオニが「冬」と言ったら、逃げる子たちは冬に移動します。その方向は自由です。移動するときにオニにタッチをつかれるとその子がオニになります。タッチがつけなかったら、オニはまた「夏」と言い、逃げる子たちは夏の方へ行こうとします。『春・夏・秋・冬』はそんな流れで遊ぶあそびです。

遊びのなかの子どもたち

　子どもたちはコートを3周回って「メロン！」と大きな声で叫ぶことが大好きです。だからそのことを目標にして子どもたちは田んぼを移動していきます。『メロン』は逃げる子にタッチをつきやすいあそびなので、1年生や走ることに自信がない子も参加してきます。『メロン』は限られた遊び場で楽しめます。

　「なぜ、メロンなの？」それはオニにタッチをつかれたときに丸いメロンのなかに入るからです。「それ、本当？」それは、わかりません。『メロン』はオニごっこ遊びの初級者編にあたるあそびです。（札内）

ゴリラオニ

　オニごっこには参加するけれど、オニになるとやめてしまうBくん（1年生）がいました。そしてその後、子どもたちと学童保育の生活であそびの活動をともにするなかで、私はいわゆるオニごっこというあそびが、1年生や走ることに自信がない子にとっては、そのおもしろさを獲得することがそんなに簡単なことではないことを学びました。

　4月のある日、子どもたちは指導員の私に追われることを楽しむ『チューキオニ』というあそびを投げかけてくれました。『チューキオニ』ではオニ役の私にタッチをつかれそうになると、子どもたちはチョキにした両手をおでこにあてて、「チューキ、チューキ、チューキー」と言って、タッチから逃げます。そして「Bくん待て〜」と、私がBくんを追いかけるあそびを一緒に楽しむことがありました。そんなあそびとの出会いのなかで、オニごっこ遊びの一歩手前にあるようなあそび『ゴリラオニ』が生まれました。

遊び方

①指導員が「ゴリラ」になって子どもたちを追いかけます。

②ゴリラの指導員に1回タッチをつかれた子は、「ゴ」になります。

③子どもたち全員に1回タッチしたら、2回目のタッチをついて回ります。2回目のタッチをつかれた子は、「ゴリ」になります。

④2回目が終わったら、3回目のタッチをついていきます。3回目のタッチをつかれた子は、「ゴリラ」になります。

⑤ゴリラになると子どもたちはその順番にこのあそびをやめていきます。

補足・留意点

・指導員は「ゴリラ」でなく「ゆうれい」や「ロボット」などになってもいいのです。

・指導員さんのなかには、「子どもたちを追って、そんなに簡単にタッチがつけないわ」と言う方もおられるかもしれませんね。そういう場合は時間を決めてできる範囲でタッチをついていけばいいと思います。そのようにして遊んだこともあります。

・「ガオ〜」などと言いながらいろんな子を追いかけると盛り上がります。

遊びのなかの子どもたち

「えぇ？　それだけのあそびなんですか？」そう、それだけのあそびなのです。でも子ども
たちは『ゴリラオニ』が大好きです。新1年生を迎えた4～5月ごろになると、上級生にも「ふ
だせん、『ゴリラオニ』しよう」と誘ってくる子がいます。

Bくんが、3年生になった4月のこと。公園へいくと私がBくんと1年生たちに「なぁ、『ゴ
リラオニ』、せえへん？」と誘うなか、『ゴリラオニ』ははじまりました。

1年生たちは楽しそうに逃げていきます。そんななか一緒にBくんも「ゴリラ～、へへ～ん、
ゴリラ～」と言いながら逃げていきました。私は1年生たちを追いかけつつも、まずはBく
んにタッチをつきました。「Bくん、『ゴ』やで」と私が言うと、Bくんは私に「ゴリラ～」と
言いながら、また1年生たちと一緒に楽しそうに逃げていくのでした。

『ゴリラオニ』は毎年4月になると学童保育のなかではやりだす、伝統のあそびになってい
きました。1年生はもちろんのこと上級生にも「ふだせん、『ゴリラオニ』しよう」と誘って
くる子がいます。（札内）

オニごっこ遊びの一歩手前にあるあそび・初級者編のあそび

　学童保育の生活のなかで、子どもたちが遊ぶ姿を見ていると、いわゆる「オニごっこ」と呼ばれるようなあそびを楽しむ姿に出会うことがあります。けれど同時にそのようなあそびには参加したがらない子どもたちに出会うこともあります。

　私はまず第1に、そのような子どもたちもオニごっこ遊びに参加しはじめるように……。そしてそのなかで、子どもたちが「仲間に追われる楽しさ」とともに、「仲間を追う楽しさ」という、対立する関係を楽しめるようになっていくことを大切にしています。

オニごっこ遊びの一歩手前にあるあそび：『ゴリラオニ』『おばけ屋敷ごっこ』

　ルールのある遊びのおもしろさを子どもたちのものしていくために、まず「オニごっこ遊びの一歩手前にあるあそび」を子どもたちとともに楽しむことも大切にしてきました。

　たとえば1年生が入所してくる4月期になると、私がゴリラ役（オニ）になり、子どもたちは逃げる役になる『ゴリラオニ』というあそびを楽しみます（くわしくはp.52）。新1年生も、上級生たちも、『ゴリラオニ』が大好きです。

　またこんなごっこ遊びの展開も大切にしてきました。オニごっこをしていてオニになると、「やめていい？」と言ってやめていくTくん（1年生）がいました。9月のある日、アスレチックのところでTくんが突然出てきて、「ワッ」とA指導員をおどろかしてきました。「キャ〜。びっくりするやんかぁ……そうや、Tくん。『おばけ屋敷ごっこ』しようか。Tくんがおどろかす役で、私がお客さんなぁ」とA指導員。そんな流れでA指導員がアスレチックをすすんでいくと、どこかに隠れていたTくんが突然出てきて「ワーッ」とおどろかし、A指導員が「キャ〜」と言いながら逃げていくという、『おばけ屋敷ごっこ』がはじまりました。

　子どもたちはこんな楽しいあそびは見逃しません。2年生の2人の男の子が「なにしてんの〜、寄せてぇ」と言いながらこのあそびに入ってきておばけ役になると、すぐ近くで靴隠しをしていた1・2年生の6人の女の子も、「なにしてんの〜」と言いながらこのあそびに入ってきてお客さん役になりました。そんなこんなで、この日の『おばけ屋敷ごっこ』は盛り上がり、そのあとも子どもたちはこの『おばけ屋敷ごっこ』を楽しむことがありました。ごっこ遊びのなかでも、このように「おどろかすおばけ」と「お

どろかされるお客さん」というような「対立する関係を楽しむ」ごっこ遊びも大切にしてきました。河崎道夫氏が「ごっこあそびあるいは役割あそびからルールのあるあそびへという展開は、もともと役割同士が対立しあっているようなごっこあそびの場合のみ可能だ」と述べているように[1]、私もごっこ遊びのなかでも、役割同士が対立しあっているようなごっこ遊びこそがルールのあるあそびへとつながっていくというこだわりも持ちながら、あそびの指導をすすめてきました。

　学童保育でのあそびのなかでは、このように「オニごっこ遊びの一歩手前にあるあそび」「ルールのある遊びの一歩手前にあるあそび」も大切にしてきました。

オニごっこ遊びの初級者編：仲間を追う見通しがすごく持ちやすい『果物オニ』

　そして 1 年生が入所してくる 4 月期には、『果物オニ』というあそびも 1 年生と上級生たちで楽しみます。この『果物オニ』では、広場に一辺 10m くらいの正方形の角に、それぞれ 3m くらいの大きさでリンゴやイチゴ、ブドウ、バナナなどの絵を描きます。オニ役の子どもは 1 人で、ほかの子どもたちは逃げる役です。まず逃げる子たちは、はじめの安全地帯であるリンゴのところに集まります。ここでたとえばオニはリンゴとブドウの間に立って、「ブドウ！」と叫びます。すると逃げる子たちの安全地帯はブドウに変わり、ブドウの方へ逃げていきます。そのように逃げていくことがわかっていたオニは、リンゴとブドウの間に立っていたので、多くの場合だれかにタッチをつくことができます。『果物オニ』はオニが逃げる子を追う見通しがとても持ちやすい遊びです。そしてオニがその都度安全地帯を変えることも楽しむことができます。

　『果物オニ』は、1 年生も含めてみんなが仲間に追われる楽しさとともに、追う楽しさも親しめる「オニごっこ遊びの初級者編」にあたるあそびです。『ゴリラオニ』や『おばけ屋敷ごっこ』、そして『果物オニ』は、1 年生と上級生たちが「気軽に、わきあいあいとした雰囲気」のなかで親しんでいるあそびです。

追われる楽しさと追う楽しさをわがものにし、オニごっこ遊びが楽しみあえるように

　そして第 2 に、学童保育の生活のなかでオニごっこ遊びのおもしろさをわがものにしている仲間や、これからわがものにしようとしている仲間とともに、いろんなオニごっこ遊びを楽しみあうあそびの世界に子どもたちみんなが仲間入りできるよう、導いていきたいと思っています。この part 3 では、そんないろんなオニごっこ遊びが紹介されています。　　　　　　　　　　　　　　　　　　　　　　　　　　　　（札内　敏朗）

1　河崎道夫（1994 年）『あそびのひみつ』ひとなる書房

みんなでわきあいあいと
いろんな子とのかかわりあいを
楽しむ

ルールが簡単で手軽に遊べ、学年や男女、できるできないを超えてみんなで楽しめる集団遊びを集めています。少人数でも遊べる遊びがいっぱいだから、少しつまらなそうにしている高学年やドッジボールはちょっと苦手などなど……そんな子どもたちを見かけたら……チャンス！　さあ、いろんな仲間とのかかわりを楽しみながら、みんなで遊ぼう！

外野なしドッヂビー

狭い室内ホールで楽しめるドッヂビー。あたっても仲間の活躍で戻してもらえるよ！

　午後6時くらいになると、お迎えを待つ子どもたちの人数も減り、15名くらいになります。ホールのテーブルを片づけてドッヂビーがはじまります。狭いホールなので外野がつくれません。外野なしのドッヂビーです。

遊び方

① 2つのチームに分かれます。
② じゃんけんで、最初に投げるチームを決めます。
③ あたった子はコートの横に座って並びます。
④ 仲間が相手をあてたら戻れます（あたった順に）。
⑤ 相手チーム全員をあてて全滅させれば勝ちです。

遊びのなかの子どもたち

　思いっきり投げるので、壁にあたるとバン！　と大きな音がして、迎えにきた保護者も「こわーい」と言います。高学年も4月のころは1年生に「左手で投げるからこわくないよ」と言って、投げ方を教えていますが、そんな配慮はじきになくなり全力で遊びます。とにかく近距離で投げてくるのでキャッチも難しいのですが、1年生や運動が苦手そうな子も参加するようになります。顔にあたったら痛いです。泣いてしまう子もい

ます。でも、しばらくするとまた、入ってくるので不思議です。

　直接キャッチできなくても壁にあたったのを拾って投げられることや、あてられても仲間に戻してもらえること、そんなことも魅力だと思いますが、きっと高学年と身近に遊べることや、名前を呼んで応援してもらえることも子どもたちの距離を縮めています。運動が苦手な子もこの時間のなかで、みるみるドッヂビーが上手になっていくのがわかります。そのことも子どもが実感しているのだと思います。（重木）

天下

室内でも楽しめます。スリル満点。あてられても、戻ることができるよ！

　私の働く学童保育には支援の必要な子どもが多く、みんなと一緒に遊ぶことができるかなととり入れました。子どもたちは、ドッジボールで遊ぶことも多いのですが、ボール遊びが苦手だと、すぐにあてられて、外野にいかないといけない。外野にいてもボールが自分のところにこない。相手にあてられない。ずっと外野で飽きてしまう。つまらないなあ。そもそも、線を踏んじゃいけないことがよくわからない子もいます。そんなドッジボールが苦手な子どもたちも楽しめる遊びとして考え出したものです。

遊び方

①コートのなかでボールを手にとったら、3歩以内にボールを投げ、人にあてます。あてられたら、コート外につくった「おべんじょ」で待っています。

②自分のことをあてた人が、ほかの人にあてられたら、コートに戻ってゲームができます。最後に残った1人が「天下一」でゲーム終了です。「あてられたら出る」という意味ではドッジボールに近い遊びです。

補足・留意点

・利き手を使わないルールのときもあります。

・コートは大体15m四方くらいですが、人数によって変えています。ボールは避けるのもありです。

・小さなスペースでも、きっちりしたコートでなくても大丈夫。お部屋が広いところでは、室内でもできます。

・ボールはメンバーによりますが、小さい子がいた場合はあたっても痛くないソフトドッジやスポンジボールなどを使うこともあります。

・コートがあればよいですが、なければ空いている場所に線を引いています。広さも人数にあわせて広げ、小さい子だけのときは小さめにします。

遊びのなかの子どもたち

　年齢関係なく、ボールが苦手な子も楽しめる。自分をあてた子が、ほかの子にあてられると、自分が戻れるので、おべんじょのなかでコート内にいる子に「○○ちゃん、あてて！」と

58

大声で叫んでいます。これが結構盛り上がりおもしろい。連帯感！　かな？

　3歩が数えられない子がいっぱい！　夢中で気がつかないことも。「あるきすぎ！」と言われて戻ることもあり、ボールのとりあいでとられたらすぐあてられてしまうことも。ボールが苦手な子は、強い子の後ろにくっついて逃げ回るなどして、にぎやかに遊んでいます。大人ももちろん一緒になって楽しんでいます。（木村）

ハンカチ落とさない

　　高学年が数人たまっておしゃべりをしており、楽しそうではあるのですが……どこか遊ぶことがなくて暇そうにも見えました。その子たちは、大人数での遊びに入ってくることもありますが、多くは少人数で……まるでお互いの絆を試すようにずっとくっついて遊ぼうとしている子どもたちでした。そこで、「少人数」の気のおけない仲間たちともっと「かけ引き」をしながら楽しめたらいいなと思って、やってみた遊びです。

遊び方

　　基本的には『ハンカチ落とし』と同じですがハンカチは使わずに相手に「タッチ」をします。

①地面に大きな円を描きます。大きさは子どもの人数にあわせてください。ただし、人数が多すぎると自分の順番が回ってこなくてつまらないので、多くても10人程度、直径6〜7mほどが遊びやすいと思います。

②オニを1人決めます。

③子は、地面に描いた線の上のどこかに立ちます。自分の場所ができたら、そこに目印として小さな○を描いてください。

④遊びがはじまると、オニは大きな円のまわりを進みます。「時計回り」でも「反時計回り」でも、「自分の好きな方向」に進んでください。

⑤オニが子にタッチをした瞬間から「追いかけごっこ」がはじまります。オニは、地面の大きな円のまわりを素早く走って、子にタッチをされないように逃げます。子は、逃げるオニを追いかけます。

⑥オニが無事に子から逃げきって、子がいた場所の○のなかに入るとセーフです（オニが交代します）。しかし、オニが子にタッチされてしまうと、オニはもう1回オニをします。

⑦あとはひたすらくり返します。

遊びのなかの子どもたち

　　『ハンカチ落とし』で遊んだことは何度もある子どもたち。『ハンカチ落とさない』との違いは「タッチをする」だけ……なのですが、その「タッチ」にドラマが生まれます。

　　オニになった子どもたちはよ〜く相手を選んでいます。自分が逃げきれない子にはタッチをしません。どちらかというと「逃げきれる」子を選ぶようです。かといって「○○にタッチしてもおもしろくないし……」と、明らかに逃げきれる子にもタッチをしない子。「逃げきれ

　る」か「逃げきれない」かの勝負がドキドキして楽しいのでしょう。

　高学年は、あえて足の速い子にタッチしてチャレンジしてみたり、普段仲のいい子だからこそ対戦してみたりと、いろんな考えをめぐらせながらかかわりを楽しんでいるようでした。仲のいい友だちとのそんなやりとりがおもしろいのでしょう。

　また、「本気でつかまえたりつかまえられたり」を楽しんでいる子では、「手でタッチ」すると見せかけて「足で軽く蹴飛ばしてタッチ」するという小技により、「追いついてやる」と意気込んでかまえていた、すごく足の速い子をまんまと出し抜いていました。それを見ていたまわりの子も「足で軽く蹴飛ばす」という小技の引き出しが増えて、ますますそんな「かけ引き」が楽しくなったようです。

　一方で、学童保育に入ってきたばかりの1年生と一緒に遊んだときには、高学年があえてゆっくり走って逃げきれるようにしてくれてもいました。タッチした子に何度も追いつかれてずっとオニをしてきつそうにしている子がいると、わざとつかまるようにゆっくり逃げてくれる子もいます。タッチをされなくてつまらなそうにしている子がいると、その子にタッチをしてくれることもあります。

　「足の速い人から追いかけられる不安」や「逃げきれずに何度も走ることになる大変さ」、「全然タッチをしてもらえないつまらなさ」を、自分の体験を通して（身をもって）感じている子どもたち。だからこそ、そうやって一緒に遊んでいる下級生の気持ちもわかるのだと思います。こうやって遊ぶなかで、自分だけでなく"相手"の気持ちを考える「やさしさ」が育まれていくんだな〜なんて思いました。（鍋倉）

脱獄

　100名をはるかにこえる、子どもの人数がとても多い学童保育にいくと、同じ学年で仲のいい子同士が少人数で遊んでいました。そこで「集団遊び」をしかけて大人数で遊んでみようとしたのですが、チーム分けなどに時間も長くかかってしまううえに、お互いの名前や顔もなかなか覚えられないため、「遊ぶ」までの過程でいちいちつまずいてしまってなかなか楽しめないのです。また、「仲間と一緒に遊びたい！」と思って「集団遊び」に入ろうとしても、ルールや遊び方がちょっと複雑になってしまうと楽しめなくなってしまう子もいました。

　そこで、「遊び方がシンプルで見ただけですぐわかること」「お互いの名前や顔がよくわからなくてもみんなですぐに遊べること」、そして「子どもが大好きそうなことで文句なく楽しい！」。そんな遊びをつくりたいなと思って、"悪そうな"名前にもこだわってつくった遊びです。

遊び方

① 「外（牢屋役）」と「中（囚人役）」に分かれる。遊んでいる子どもの身体の大きさや人数にあわせて「中」の人数を決めてください。だれが「中」に入るかを子どもたちが自分たちで決めていけるようになると最高です。

② 「外」の人はみんなで手をつないで大きな輪をつくり、「中」の人はその輪のなかに入る。

③合図（「よ～い、ドン！」「脱獄発生！」「脱獄開始！」でもなんでも）で遊びをはじめる。

④制限時間内に「中」の人は、輪になってる牢屋のスキマ（腕の下や股の下）をくぐり抜ける。「腕の上を乗りこえる」もありにしてもいいです。制限時間は、最初は30～60秒くらいでやります。ただ、その場にいる子どもたちと一緒にドキドキしながら遊べる「ちょうどよい加減」を決めていけるといいなと思います。

⑤制限時間がきたらおしまい。

補足・留意点

・外の人は、くぐり抜けてくる子を踏みつぶしたり、乗りこえてくる子に対して腕を大きく振り上げて飛ばさないように気をつける（とくに身体の小さな子に対して）。

・制限時間は○○秒ではなく、「看守長」や「警察」役の子を決めて、その子が「運動場を1周して刑務所に到着する」「なにかミッションを達成する」などにして、イメージをふくらませてもハラハラドキドキして楽しいです。

・「遊びの名前」や「遊び方」を伝えるときも遊ぶときも、それぞれの役や場面を「ごっこ」的に「イメージ」をつくることでより楽しめるでしょう。「今回の罪は『靴に入った砂を玄関で捨てた罪』です！」など。子どもに「今回の罪は？」と聞いてもおもしろいと思います。

遊びのなかの子どもたち

　子どもたちに遊び方を教えるときに、「牢屋」と「囚人（つかまった人）」のイメージを伝えると、どうやら遊び方はすぐにわかったようです。男子も女子も、「できる・できない」を気にする子も、スポーツ系の遊びには入ってこない子も、さまざまな子が一緒に楽しんでいて、「もう1回しよう！」「今度は中がいい！」と何度もくり返し遊びました。制限時間があってカウントダウンをされるため「外」も「中」もお互いドキドキして、必死になって楽しみます。

　また、100名以上の子どもたちが一緒に、4年生以上の高学年が「牢屋」、3年生以下が「囚人」になって遊んだこともありました。高学年は「手をつなぐ」ことに恥ずかしさを感じてもいました（とくに異性）。ただ、普段恥ずかしさもあってなかなか手をつながないからこそ、遊びのなかではこうやってしょうがなく手をつなげることへのうれしさもどこかにはあるのでしょう。4年生以上の子どもたちは、手をつないで輪になると、そのまま遊びがはじまる前にウェーブをしたりグルグル回ってみたりして楽しんでいました。さて、そのあと2回戦して散々下級生に抜け出された（脱獄された）高学年たち。「今度はわたしたちも『中』をしたい！」と言い出して役を交代して遊びました。普段はなかなか一緒に遊ぶことがない学年同士なのですが、こんなふうに異年齢で一緒に遊んで楽しめる瞬間が生まれてよかったなと思いました。

　ちなみに……「大人チーム」と「子どもチーム」で「外」と「中」を分けて遊ぶとおもしろいですよ（大人が中になるととーっても大変で子どもがゲラゲラ笑います　笑）。（鍋倉）

チーム：止まり木オニごっこ

いつの間にか逃げスズメに!? みんなとふれあいまとまるあそび！ 走りの苦手な子も安心だ!!

　　子ども集団は、放っておくといくつかの小さなグループができてしまいます。学年ごとにも分かれてしまいます。とくに3・4年生になると女子のグループは強烈になり、他者を排除する動きも見えたりします。上級生になれば男女も意識しはじめ、つながりが弱まり、バラバラになります。近年、代替指導員としてクラブに入るとそんな傾向がチラホラ見えてきました。さびしい思いをしている子もいました。遊びも自分の要求で遊びを選ぶのではなく、グループの意向で遊んでいる姿が見られました。楽しく遊んでいても仲間の関係性が弱く、広がりと強まりがなかったのです。みんながだれとでも話ができるホッとしたクラブにしたいなー、男子と女子のまとまりがあればなーと思い、みんなが大好きなオニごっこでできないかと考えました。

　　でも、オニごっこは異年齢集団ですると低学年は確実に不利です。まして走りが遅い子は敬遠しがちで離れていきます。どの子も参加しやすく、走りが苦手な子への助けあいやいろんな子とふれあいができる遊びにしようとしてつくったオニごっこだよ。

　　持久力のない子も続けて遊べるよ！　上級生も下級生を助けるなど、勝つための作戦に寄与できる面がたくさんあり楽しめるよ！　クラブが一つになっていく遊びです。

場所や用意するもの

タカ（オニ）の目印（鉢巻、タオル、帽子など）、時計

遊び方

広場に走れるエリアを描きます。鳥かごのように丸く描くと範囲が決まって遊びやすいよ。

①チームに分かれてタカ（オニ）とスズメ（はじめに逃げる人）を全体の人数を見て決めます（60人くらいでするときはチームごとにタカ4人・スズメ4人。全体でタカ8人・スズメ8人ほどです。遊びをする人数によって変えましょう。待ちがあまりない人数にするといいです）。

②それ以外の人は、スズメ同士2人で手をつないで、互いに止まり木とそれに止まるスズメになります（1人あまったときは、1組3人の止まり木をつくります）。相手チームのスズメと手をつないでもOKです。

③用意スタートで、①で選んだタカとはじめに逃げるスズメのオニごっこがはじまります（1試合8〜10分くらい）。基本、鳥かごから出てはいけません。

④逃げるスズメは止まり木に止まっているどちらかのスズメと手をつなぐと、タカにタッチさ

れません。そのかわりに手をつながれなかったスズメは、代わって逃げなくてはなりません。追い出されたスズメは、同じ木に止まってはいけません。1回は違う木に止まります。
⑤タカがスズメにタッチすると、タカとスズメが入れ替わります。タッチ返しはできません。
⑥時間がきた時点でタカの数が多い方が負け、同点の場合は逃げスズメが多い方が負けです。

補足・留意点

・味方同士のタカとスズメが協力して相手チームのスズメを追い出してタッチしても OK です。
・味方のタカにスズメが近寄ってタッチしてもらい交代するのも OK です。
・終了時間の予告はしません（最後の時間で逆転がしやすくなるので緊張感を保つためです）。

遊びのなかの子どもたち

　この遊びをやりはじめたときは、圧倒的に男子が勝ちました。グループを意識しなかったこととチーム遊びにたけていたこともあります。女子は、止まり木の相手にまだこだわりがあったようで低学年をサポートするまでいかなかったようです。女子チームが勝利するには協力と作戦が必要なことと盛り上がりの重要性を伝えるために女子チームには男性指導員、男子チームには女性指導員が入り楽しむことにしました。しばらくすると指導員が抜けても女子チームが勝つことが増えてきました。

　はじめは好きな子と手をつなぐけれど、チームが勝つために知らずしらずにいろんな子と手をつないでしまうと同時に、鳥かご（輪）のなかでのオニごっこなので、みんながよく見えます。同チームの追いかけることに困った子を助けることもできるなど、仲間を見る力もついてきたように思います。女子のグループの壁が薄くなり、つながりが広がりました。（四方）

ドボン

相手の動きを見てどこに打ち返せばいいのか、判断力も育まれどんでん返しもあるあそびです。

1〜6年生みんなであそべるあそびです。下の子が上の子に勝ったり、ドボンとなり一気にコート外になったりの偶発的要素もあり必ずしも身体能力の高い子が有利とはかぎりません。ボールを打ち返すだけの簡単なあそびなので1年生や身体能力の低い子もやってみたいと気軽に混じってきます。上手くなると変化球や相手とのかけ引き、判断力なども高まりこのあそびの奥深さを楽しむことができます。

場所や用意するもの

・硬式テニスボール
・チョークやビニールテープやガムテープ。土の地面ならライン引きか足で描く。

遊び方

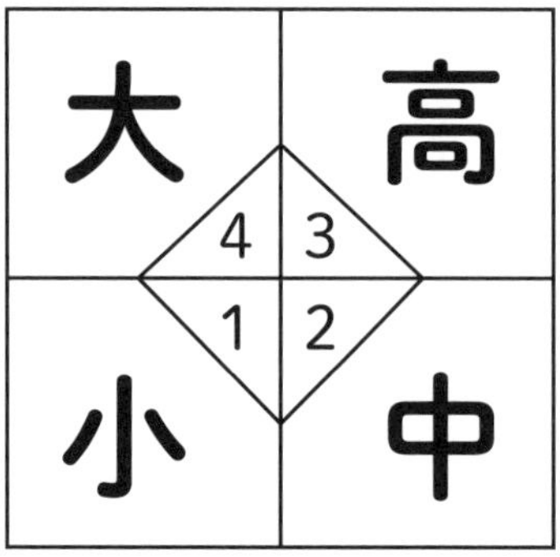

『ドボン』のコート

①地面に図のように3〜4m四方の大きさでコートを描き、「大・高・中・小」と描きます。次に、田の字の中心のクロスしているところに40cm四方のドボンゾーンと「1・2・3・4」を描きます。
②じゃんけんで勝った人から「大・高・中・小」の枠のなかに入ります。5人目以降の人はコートの外で並んで待ちます。
③まず、「大」の枠の人がボールを持ち、自分の枠にワンバウンドさせて「高・中・小」いずれかの相手の枠にボールを入れます。このとき、相手の膝より上になるように入れます。低すぎると打ち返せないためです。自分の枠にボールがきた人は、必ず自分の枠でワンバウンドさせてほかの人の枠をねらって打ち返します。打ち返された枠の人は同じようにワンバウンドさせて打ち返します。
④打ち返すことができなかったり、自分の枠にワンバウンドさせなかったり、ツーバウンドになったり、線上にボールがふれたり、ボールがコートの外に出るとアウトになります。「大」の人がアウトになると「高」の人と交代します。「高」は「中」と、「中」は「小」と交代します。「小」の人がアウトになるとコートの外へいき並びます。そして並んでいた先頭の人が「小」の枠に入ります。ドボンゾーンにボールが入るとそこに書かれた数字の数だけ下がります。
⑤4人以上であそぶのがおすすめですが、2人で「大」と「高」のコートを使ってあそぶこと

も可能です。3人なら「大・高・中」のコートであそべます。

遊びのなかの子どもたち

　初心者やまだ上手に打ち返すことができない人には、打ち返しやすいボールを入れてあげるやさしさが見られます。はじめは打ち返すことができずいじける人もいますが、上手になりたい、上の子に勝ちたい、「大」に上がりたいなどの欲求ががんばる力やチャレンジ精神の向上につながっています。「小」で勝ち「中」に上がれたときのよろこびや上の子に打ち方や攻め方を教えてもらったときの感謝の気持ちも味わえます。低めねらいや速球攻め、左右に振る、変化球で攻めるなど相手の動きや立ち位置からどこをねらって打ち返せばいいのか一瞬の判断力も身につきます。

　「線を出た、出ていない」「ドボンだった、そうじゃない」などでぶつかりあいますが、上の子や正義感の強い子が仲裁に入り、みんなから意見を聞いてどうしたらいいのかみんなで考えたり、じゃんけんで決めたりして折りあいをつけています。おもしろいのは、線から出たか出ていないかでもめたときに5年生の男の子が「ビデオ判定でみてみよう」と、ボールを手にしてゆっくりとボールの軌道に動かして「あ〜、線を出ていました」と言うと「くっそ〜、出てたか！」と素直にアウトを認める1年生がかわいらしいと感じました。5年生の男の子のさじ加減なのに、まわりの子どもたちも妙に納得していました（笑）。また、アウトになり並んで待ってる間に、上手な人の攻め方や打ち方をよく見て学んだり、しりとりや手あそびなどほかのあそびを楽しんだり、おしゃべりを楽しむ子どもの姿も見られます。（森川）

しゅびれん（守備練習）

だれがキャッチする？
屋根でも壁でも遊べちゃう。異年齢が一緒になって遊べるから安心だ！

　昔の建物は三角屋根がほとんどで、屋根があればあそべた遊びがありました。それは子どものころは『死刑』と呼んでいたあそびです。『四刑』でもいいのですが、さすがに今ではその名は言えないので『しゅびれん（守備練）』と名前をつけておきます。

　屋根にボールを放り投げ、落ちてきたボールを受ける集団遊びです。前にいた学童クラブでは傾斜の屋根があり、子どもたちの人気のあそびのひとつでした。建て替えられて平らな屋根になってしまい、遊びができなくなってしまいました。しかしその遊びが忘れられないので、壁あてでできないだろうかと考えてできたのが『しゅびれん』です。環境が変わっても、工夫をすれば、昔あそびもできるよ！

昔の『しゅびれん（屋根を使って）』の遊び方

①みんなで丸くなり、一人ひとりに１から順番に番号をつけます。

②１号の人からゲームがスタートし、屋根に投げ上げると同時に、自分以外の番号を言います。

③自分の番号を言われた人が、屋根から落ちてきたボールを受けて、自分以外の番号を言い、再び投げ上げます。

④落ちてきたボールを受けそこなったら、ほかの人は、一斉に逃げます。

⑤落とした人は、ボールを拾いにいき、拾ったら「ストップ！」と言います。

⑥「ストップ」がかかったら、全員、その場所に立ち止まります。

⑦落とした人は、だれでもいいのでその場所からボールを投げてだれかにあてます。

⑧外れると、投げた人が「1刑」になります。あてられたら、あてられた人が「1刑」になります（あてられそうになって、ボールを受けたらセーフになり、投げた人が「1刑」になります）。

⑨ゲームを続けて、だれかが「4刑」になると、その人は後ろ向きに壁に張りつき、ペナルティーを受けます。刑の多い人から順番に「4刑」になった人にボールをあてていきます（壁から5歩のところから）。

⑩「4刑」になった人にあてると刑はそのままで、外すと「1刑」増えます（「3刑」だった人が外して「4刑」になるとみんなが投げ終わったあと、はじめに張りつけになった人の上に重なってあてられ役になり、刑数の多い順に再びボールあてがはじまります）。

⑪頭にあててしまうと、あてた人は重なって張りついている人を守ります。

⑫一通りボールをあて終わると、ゲームはいったん終了となります。全員「0刑」からスタートします。

補足・留意点

・ボールは、やわらかくてあたっても痛くないボールを使う（100円ショップの直径10～15cmくらいの空気ボールを使うといいです）。

・投げた瞬間に番号を大きな声で言うときに、声が小さいともう1回やり直す。

・ゲーム中にわざとボールを落として、すぐにストップをかけ、あててもOKです。

・どこから落ちてくるのかわからないように、斜めに放り投げてもOKです。

・ペナルティーで張りつきの人にボールをあてるときは、下投げで投げる。

・張りつきの人は、動かないでジッとしておきます。

・投げたボールが屋根をこえてしまったら、「1刑」増えます。

『しゅびれん（壁を使って）』の遊び方

①基本、屋根から壁に移っただけの遊びです。ボールをあてるエリアを決め、指名された人は、守備エリアライン内でボールをとるとセーフです。そのまま、番号を言って投げます。

②守備エリアライン内であれば、ゴロでもノーバウンドで受けてもOKです。

③ボールはどんな受け方でもOKです。ボールを止めればいいのです。

④ボールをエリア内でとれないときは、追いかけてとり、ストップをかけて近くの人にあてます。あてたらあてられた人が「1刑」増えます。あてられなかったら自分が「1刑」増えます。

⑤だれかが「4刑」になればあとは同じようにペナルティーをして終わります。

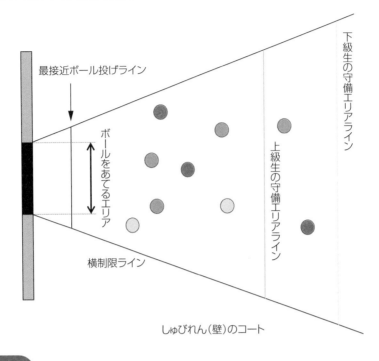

最接近ボール投げライン

下級生の守備エリアライン

上級生の守備エリアライン

ボールをあてるエリア

横制限ライン

しゅびれん（壁）のコート

補足・留意点

・近づき過ぎるとボールが飛ぶエリアが広くなり過ぎるので、「最接近ボール投げライン」より後ろから投げる。

・「最接近ボール投げライン」より後ろで、壁の「ボールをあてるエリア」内なら斜めでも上でもどこからでも、どこに投げても OK です。

・壁に投げたあととんでもないところにいってゲームがストップする場合は投げた人に「1刑」加算されます（コンクリート土手でしたときは土手の上にいくと「1刑」にしていました）。

・投げて跳ね返ったボールが「横制限ライン」をこえたときは、もう1回投げ直します。

・わざと守備エリアラインをこえてボールをとり、すぐにストップをかけてあてても OK です。

遊びのなかの子どもたち

　受けるエリアが上級生用と下級生用とあるので参加しやすく、「寄せて！」と子どもたちがやってきました。途中からでも参加した順番に「お前は、○号な！」と気軽に入れることができます。初心者には、「『5刑』までしてあげる」などやさしい心づかいもありました。手で受けるだけでなく、身体で止めればいいので入りやすいのでしょう。異年齢・男女混ざって遊べました。1人ねらいのなどのトラブルも多々ありましたが、安易に「……しない！」ルールをつくらずに話しあい、理解しあうことでつながりが深まりました。（四方）

みんなでわきあいあいと
違いをつけながら楽しむ

「ドッジボール」や「野球」のようなスポーツだって「違い」があるからこそおもしろい！　学年、性別、運動が苦手な子、得意な子、さまざまな『違い』をもつ子どもたちが、みんなでいっしょに楽しむための工夫がいっぱいです。お互いの違いを知って、それを楽しもうと考えた遊びのなかには、やさしさもいっぱいです。勝ちをめざして作戦を立て、声をかけあい仲間を感じる。子どもたちといっぱい遊んで「仲間」を感じてください。

8の字ドッジ

　ある時期、低学年（とくに2年生）が数人で一緒になって「とにかく高いところから飛びおりる」ような遊びをしており、「腕試し」や「力試し」をしているように見えました。一方で、そんな子たちがドッジボールをするときには、「勝ち－負け」にこだわっているため「投げるのが強い人ばかりがボールを投げる」ことが多くなっていました。そして、そうではない子たちは出番も達成感もなく楽しめておらず、ドッジボールに入らなくなる姿も見られました。そこで、「投げる」「とる」「逃げる」ことの得意不得意があっても、だれでもそれぞれに「これならあてられるかもしれない、とれるかもしれない、逃げられるかもしれない」と「腕試し」「力試し」ができることや、「『勝ち』に向かいながらも、勝ち負けだけを楽しむのではなく、遊んでいる最中のドキドキをもっと感じて楽しむ」遊びにしたいと思ってつくった遊びです。

場所や用意するもの

　コートを描くときに「大きい陣」と「小さい陣」がくっついて8の字に見えるように地面に線を引きます。このことで、「大きい陣」の方は陣が広くてあたりにくいうえに、相手チームが外野から投げてくるときには、自陣の角の方に逃げることで、相手の投げたボールが自分のチームの外野にいきやすくなって有利になります。

遊び方

・基本的にはドッジボールと同じルールです。

・「小さい陣」には「あたりやすいけどやってみたい！」「われこそは!!」と「腕試し」「力試し」をしたい人。そして「大きい陣」は「われこそは!!」……ではない人が、好きな方の陣を選んで入ります。

・子どもたちが「強い－弱い」「上手－下手」という価値観だけにとらわれて陣を選ばないように「強い人」「弱い人」「上手な人」「下手な人」ではない別の言葉で陣を選ぶ方がいいでしょう。投げるのが下手でも「こっちの方がおもしろそう！」と思えばチャレンジしてもいいのです。

・「裏切りあり（途中で相手のチームに移動OK)」ルールを入れてもおもしろくなります。

遊びのなかの子どもたち

　自信のある子は小さい陣を選びますが、強がっていても内心はこわがり屋さんの子は大きい陣を選んでいます。また、あたりたくない子や走り回って逃げまくりたい子も大きい陣を選んで楽しんでいます。

　「裏切りあり」ルールのときには、自信のある子が最初は小さい陣にいったとしても、途中で負けそうになると「う〜らぎった！」と言って大きい方に移動する子が続出！　そして、また逆転すると小さい方に戻ります（笑）。反対に、最初は大きい陣にいっていた子が途中で「これなら大丈夫かも……」と小さい陣にいってみたり……なかには「なんか全然あたらんしつまらん（スリルがない）」とあえてスリルを求めて小さい陣にいく子もいます。「負けるのをおそれる子」も、「いざとなったら（裏切って）勝ってる方に移動しても大丈夫」だからこそ、安心して小さい陣にも挑戦したり、スリルを楽しんだりできるようにも思います。

　また、投げるときには、大きい陣の子たちは「これだけ近かったらあてられるかもしれない」と期待を持ってボールを投げています。そして、小さい陣の子たちは、近くから飛んでくるボールを避けたりとったりするスリルを楽しんでいます。

　ドッジボールと同じように「勝ち−負け」はありますが、この遊びでは、自分のペースで、"今の自分なり"のおもしろさやスリルを求めて、自由に陣を移動しながら、「勝ち−負け」ではない部分のおもしろさを感じて楽しんでいるように見えました。(鍋倉)

サンドッジ

ボールが3つでハラハラ
ドキドキ。みんなが投げ
られみんなが主役！　の
ドッジボール。

　「みんなで遊びたい！」そんな気持ちが見えてくるかのように、なにか遊びはじめる
と、子どもたちがたくさん集まってきます。しかし『王様姫様ドッジ（p.136）』をしても
人数が増えすぎて役割決めの話しあいに時間がかかってしまい楽しめません。また、普通
のドッジボールだと一部の子どもたちだけが楽しむ一方で、「ボールがこない」「つまら
ん」と、暇な人もいっぱいいてみんなが楽しめていませんでした。そこで、どの子もみん
なが、遊んでいる間「ハラハラドキドキ」して「暇」もなくなるような遊びをつくろう！
と考えてつくった遊びです。「ボールを3つ使うから『サンドッジ』！」と5年生女子が名
前をつけました。

場所や用意するもの

　色の異なるボール3つ（ボールが3つもあるため、「近くからあたること」が前提になります。あ
たってもそんなに痛くないやわらかめのボールを使った方がいいでしょう）。

遊び方

①それぞれのボールを投げていい人を決めて、ドッジボールをする。たとえば「普通のボー
　ル」は「みんな」が投げられる。「青いボール」は「1、2年生だけ」が投げられる。「ピン
　クのボール」は「女子だけ」が投げられる。ボールの色や「投げてもいい人（制限）」につ
　いては柔軟に変えても OK です。
②全員あたったチームの負け。

補足・留意点

　「外野、もしくは内野にいる子どものだれもが投げられないボールがきたとき」は、自分の
チームの投げられる子どもに「パス」をすることは OK です。たとえば外野に男子しかいない
のに「女子だけが投げられるボール」がきたときには、内野にパスをするのは OK、など。

遊びのなかの子どもたち

　この遊びでは、子どもたちはとにかく走り、とにかく投げて、とにかく避けます。休んでい

る暇なんかありません。そこら中からボールが飛んでくるため、ボールを持って「さて、だれをあてようか……」なんてじっくり考えていたら、いつの間にか後ろにいる外野の子からあてられることもあります。そんな状況に、6年生女子は「あっちもこっちも考えるけん、わけがわからんくなる！」「でも楽しい！」と言っていました。

　普通のドッジボールだと、ボールがなかなか回ってこない子や活躍できない子でも、「専用」のボールがあるため、いつかは必ずボールが回ってきます。むしろ、「あっ、このボール俺は投げれん！　1、2年だれかきて！」「○○！　きて！」「女子！　女子‼　だれでもいいから女子ー‼」と頼りにもされます。「自分が一目置く子（上級生など）」からそうやって名前を呼ばれたり、ボールを託された子はそれだけでうれしそうですし、はりきっています。「絶対にあててやる！」。そんな気持ちだって見えてきます。

　内野にいる子たちは、3つのボールから逃げるのに必死で一つひとつのボールをしっかり見る余裕もないので、「あそこからあの子もねらえばいい！」とよく見てよく考えればあてることができ、だれにでもあてるチャンスがめぐってきます。普通のドッジボールではあてられないような強い子（上級生など）をあてた子はもう大よろこびです。あてられた子は、もちろんくやしいでしょうが、そんなことを感じる間もなくすぐに外野にいきます。きっと「早くいってボールを投げればあてられる！」という期待感があるからこそ、へこたれてなんかいられないのでしょう。

　夢中になって遊び終わると、「つかれたーー」「くたびれたーー」と言いたくなるくらい頭も身体もめいいっぱい使う遊びです。（鍋倉）

フリーシュート

相手のゴールに投げ入れろ！　作戦を立てて勝利をつかめ！　投げが苦手でも守りで活躍だ！

ディスクを上手に投げたい！　遊びながら練習ができれば楽しい！　ということで複数個のディスクを用意して遊んだのが『フリーシュート』です。人数にあわせてディスクの数を決めます。

お互いのゴールにめがけて投げるから、しっかり見てないと相手のディスクにあたるよ！　気をつけてね！　2チームに分かれて対戦するから熱く燃えてしまいます。やわらかいディスクがあれば安全にできていいですね。

場所や用意するもの

・ディスク４つ（個数は人数や安全を考えて決めます)。
・ゴール２つ（ハンドボールのゴールくらいがちょうどいいです。壁にマーキングして描いてもいいです)。

遊び方

①２チームに分かれて図のようにチームエリアに入る。
②ディスクを２つずつ分けてゲームをスタートする。
③自分のエリアにきたディスクをとり相手のゴールをめがけて投げあいます。時間内に相手ゴールに入った数だけポイントが入ります。ディスクが入らないようにゴール前でブロックしても OK です。
④外でやるときは風の影響もあるので、10 分間対戦したあとはコートチェンジをして 10 分間行い、計 20 分間で勝敗をつけます。

補足・留意点

・ディスクを投げるときにセンターラインをこえてはいけません。センターラインをこえた場合は、相手チームのディスクになります。
・投げるタイミングは、作戦を立てて数個同時に投げてもかまいません。
・ゴール前にキーパーはいてもいなくてもいいです。
・ディスクが１度地面についてゴールに入っても得点になります。

ゴールを工夫してみよう！

ポールを2本立ててヒモを張っても
いいです。

↑軽くて太いヒモ

←ポールはイレクターパイプがおすすめ

タイヤの上下に穴をあけて
ポールをさしこむ

遊びのなかの子どもたち

　当時この学童クラブには、ディスクはありませんでした。野外保育で河川敷にいったときに
岸辺にディスクが偶然流れついていました。拾った子どもたちは当然遊びはじめます。投げ方
も遊び方もわからず飛ばすことに夢中でした。そんなに飛ばす技術がなくてもみんなで遊べな
いかな？　と考えたのがこの遊びです。あそびながら投げ方や変化球の投げ方を体得するのと
チームプレーで仲間の輪を広げることが願いでした。

　子どもたちは、試合をするなかで作戦を指示しあい楽しんでいます。と同時に拾ったもので
こんなにみんなと一緒にかかわれるなんて、と当時の子どもたちは、感じていたと思います。
学童保育にきていればなにかができそうだ！　なにかが起こりそうだ！　と学童保育にロマン
を感じていました。（四方）

クロス(布)野球

　狭いグラウンドや体育館のなかでもできて、ボールがこわい子も安心して野球を楽しめるようにつくった野球だよ！　上手な子も下手な子も一緒に楽しめます。グローブもいらない、布でできたやわらかいボールと、芯がしっかりとしてスポンジを巻いたバットだけであそべます。野球の入門にぴったりの遊びだよ！　低学年も女子も、1年生から大人まで思いっきり遊べます。

　ただし、ボールの大きさ・ボールの固さの調整が大切です。大きくてやわらかすぎるとボールは飛ばないよ！　空気の入ったボール（ドッジボール）を普通のバットで打つとバットが反動で跳ね返って危ないので、そんな危険のない『クロス野球』をつくりました。

場所や用意するもの

クロス野球用のバットとボール（下記参照）。

遊び方

　基本は、ほぼキックベースと同じです。ただし低学年や初心者、苦手な子たちにも、よりわかりやすく遊びやすく楽しめるように、以下のようなルールで遊びます。

全員が守るルール
- フォアボール・三振なし（打つ経験をしてあたった実感を体験するためにです。打たないとゲームの進行が止まるので、必然的に初心者には打ちやすいボールを投げます）。
- ファールを5本打つと1アウト（ホームベース前の半円のなかにボールが止まってもファールとなります。その半円のなかでボールをとってもファールです）。
- 盗塁・タッチアップなしです。アウトになったら進塁できません。
- ランナーのリードはピッチャーリード（ピッチャーがボールを離してからのリード）です。
- ボールがピッチャーマウンドに帰ってきたら進塁できません（初心者がどこに投げたらいいのかわからなくなったときには、マウンドに返して進塁できなくすることで、わかりやすくしています）。
- ホームランは、場所によって決めます。体育館でする場合は、壁にノーバウンドであたった場合ホームラン！　窓上の通路に上がったら回収に時間がかかるから一気に3アウトチェンジにしています。まわりに土手があった場合は、土手直撃でホームラン、土手の上に上が

るとと３アウトでチェンジにしています。大人が思いっきり打つと場外になるので打つ力を調整する楽しさを入れています。土手や壁がない場合は、線でホームランゾーンをつくってノーバウンドで落ちたらホームラン、ゾーンをノーバウンドでこえたら３アウトチェンジにしてもいいと思います。

１年生や初心者用の特別ルール

打ってファーストでアウトになってもアウトカウントに入りません。ただし、１塁より先でタッチされたらアウトになります。

補足・留意点

狭い場所でもできるので場所によってルールは変えましょう！

例：高い土手があるところでは、土手にボールが入ると迷惑がかかるので１アウト、土手のコンクリートに直接あたるとホームランなど。

バッターと次のバッター以外は、ベンチで応援します。トイレなど以外でベンチから出てタッチされると１アウトになる（低学年は、ジッとできません。でも、バットにあたると危険なので、ベンチのなかでもゲームが続いていることを知らせましょう）。

クロス野球のバットのつくり方

必要なもの
- 100円ショップで強度の高いプラスチックバット
- 古いキャンプマット（銀マット）
- 養生テープ
- 両面テープ

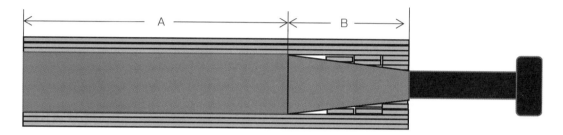

① Bの部分は、Aの部分より細いので銀マットを巻いて同じ太さにします（マットはまず張るところの周囲に巻き、長さを決めたらカットして、6等分にしてから両面テープでまわりに張りつけます。張ったあとは、養生テープで若干しめなから張ります）。

② Bの部分は、太さがテーパ状になっているので3か所くらいに分けて張るとよいでしょう（細いところは、3重。太いところは、1重くらいになるでしょう）。

③ AとBが同じ太さになれば、その長さに銀マットを1周分切って、6等分して両面テープで張ります。そして、1重毎に養生テープでしめ固めます。これを3重にするとほどよい太さと重さになります。

④ 養生テープでしっかりと巻いたら、布ガムテープで補強しましょう。布を使ってカバーをつくってもいいです。私は、写真のようなカバーをつくっています。先端がこすれて破れてきた場合には、先端だけ布ガムテープで補強しています。

遊びのなかの子どもたち

　以前から、野球しているときに低学年にはグローブが重くて扱いにくいな？　と思っていました。それでも、野球の要求が高い子は、がまん強く練習をしてキャッチボールをしていましたが、なかなか女子にも広がりが見られませんでした。

　その後、クラブを移動したときに、グローブの数も少なかったのですが、小さな広場があったのでなんとか野球ができないかと考えました。100円ショップで売っているバットやスポンジボールでは、軽すぎるので上級生には、人気が出ません。上級生や大人も満足できるボールとバットを！　そして、低学年もいるので安全で受けやすく打ちやすいようなものを、と考え

ました。そこでできたのが、『クロス（布）野球』です。布で重さ重視の受けても痛くない
ボールをつくりました（重さ160gくらい・直径13〜14cmくらいの布ボール）。

　バットもプラスチックバットでは軽いのと細いので、太くして打ちやすくし、若干重くして
バットを投げても床が傷つきにくいキャンプマット入りのバットをつくりました（重さ420g
くらい）。バットが太くなったので、初心者も打ちやすくなっています。その分、大人も真芯
にあてないと飛びません。それも、おもしろいところです。

　そしてその後、1年生から指導員まで楽しく遊んでいます。女子も「入れて！」と入ってく
るようになりました。大きく野球のメンバーが増えました。大人も一緒に本気になって楽しめ
ました。そして、雨の日は体育館でもできます。「『クロス野球』をしよう」と子どもたちの活
動場所が増えました。（四方）

『クロス野球』のボールとバットの紹介
　この2つさえあれば『クロス野球』はできるよ！　グローブなんかいらないよ！

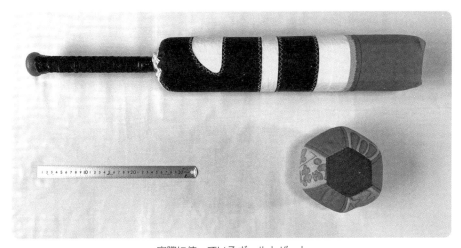

実際に使っているボールとバット

庭球野球

　　学童保育の球技遊びで、男の子を中心として寒くなってくるとサッカー、暖かくなって
くると『庭球野球』がはやりだすという伝統がありました（ドッジボールは時期を問わず遊
ぶことがありました）。ただ、サッカーがはやりだしてくるなかで、球技遊びの人気がサッ
カーに大きく傾いていくことを感じはじめていました。学童保育の子どもたちの球技遊び
として、サッカーとともに『庭球野球』もはやっていってほしいという思いは、『庭球野
球』が大好きな上級生たちも私も同じでした。そこで1年生や初心者の子が、楽しく『庭
球野球』に参加してくれること、そして彼らも『庭球野球』が上手になってくれることも
願って、私がまず「五振ルール」を投げかけると、『庭球野球』が大好きな子どもたちは
次々にルールを工夫していくのでした。「庭球」は「テニスボールに準ずるやわらかく安
価なボール」です。

遊び方

基本的には野球（ハンドベース）と同じですが、以下のところが異なります。

① 「五振ルール」……1年生や初心者の子がバッターボックスに立つとき、「少しでも打てる
　機会が多く生まれるように」と、私が子どもたちに提案したのが「五振ルール」です。「五
　振ルール」では彼らが打つ力を磨いていけるように、「三振」でアウトになるところが「五
　振」でアウトになります。

② 「打てるまで打たせてあげるルール」……「五振ルール」があそびのなかで定着してくると、
　子どもたちから「1年生（初心者も）は、フェアゾーンに打てるまで、打たせてあげようや」
　という声が出てきて、遊ぶ時間がしっかりあるときにはこのルールで『庭球野球』をするよ
　うになりました。

③ 「投げマネルール」……『庭球野球』をする仲間が思うように集まらず、守りの人数が足り
　ないときに、子どもたちが「投げマネ」というルールを考えました。1塁を守る人なしで野
　手がゴロを受けたら、その子は1塁にボールを投げるマネをします。投げるマネをしたと
　きに打った子がまだ1塁についてなかったらアウトになり、1塁についていたらセーフにな
　るルールです。でも投げマネが1回だと簡単にアウトになってしまうので、野手がゴロを
　受けたらその場で投げマネを3回するというルールになりました。

④ 「壁あてルール」……子どもたちは「やっぱり、投げられる方が楽しいやん」ということで、
　「壁あて」というルールも考えました。遊び場の1塁線沿いに石段や壁などボールをあてて
　も大丈夫な場所があるなら、「壁あて」というルールで遊ぶこともできます。1塁を守る人

なしで野手がゴロを受けたら、その石段にボールを投げてあてます。ランナーが1塁につく前に1塁線沿いにある石段にボールがあたればアウト。先にランナーが1塁についていたら、セーフというルールです。

遊びのなかの子どもたち

　子どもたちが工夫して生み出した上記の②・③・④のルールのなかでも、とくに「投げマネルール」は、単に遊ぶ人数が少なくても『庭球野球』ができるようにするためということに留まらず、1年生や初心者の子どもたちも守りでも活躍できるようになるうえで、とても大切な役割を果たすルールになっていきました。

　『庭球野球』に参加した1年生や初心者の子どもたちは、「五振ルール」や「打てるまで打たせてあげるルール」のなかで、打つ楽しさを体験するとともに、「投げマネルール」や「壁あてルール」があることで、守りの面でも活躍するチャンスが生まれました。このようにルールを工夫しながら、楽しく遊んでいる子どもたちを私も応援し、子どもたちは参加する仲間を増やしていきました。女の子も参加する子が出てきました。

　こうして子どもたちと私は「学童保育の球技遊び」と言えば、「寒くなってくるとサッカー」「暖かくなってくると『庭球野球』」という学童保育の伝統を守っていくのでした。学童保育のなかで子どもたちが、いろんなあそびに親しめることを大切にしながら……。（札内）

サバイバルドッヂビー

　午後6時ごろになるとお迎えを待つ子どもたちの人数も減り、15、6名くらいになったところで、ホールのテーブルを片づけてホールならではドッヂビーがはじまります。さらに人数が減って、7、8名になったところで『サバイバルドッヂビー』をはじめます。もうずいぶん前からやっているので経緯が定かではなくなにかの遊びを模したのか……でも、ずっと受け継がれている子どもたちの大切な遊びのひとつです。

遊び方

①２名ずつのチームに分かれます。

②じゃんけんで、最初に投げる人を決めます。

③ほかの子はそれぞれ散らばって「よーい、スタート！」

④ドッヂビーを投げる人は、キャッチした地点から必ず３歩動いて投げます。３歩以上動いても、１歩、２歩で投げてもいけません（大股小股は問いません。３歩以上進んでしまったときは、

３歩のところまで戻っています）。チームでパスしあって連携してあてるのが醍醐味です。

⑤１人３騎からスタートし、３回あたったらゲームから離脱します。２人のうち１人でも最後まで残ったら、そのチームの勝ちです。

補足・留意点

・低学年やドッヂビーが苦手な子のための特別ルールで、３騎のところを４騎にしたり、チームの人数を増やしたりしています。

・順番にお迎えがきて人数が減ってくると、個人戦で遊んでいます。

大人数でも遊べるようにする工夫！

場所や用意するもの

・体育館の半分を使います（１チーム 20 人くらい）。人数にあわせてコートの広さを決めます。外で遊ぶときは線を引いてコートをつくります。

・ドッヂビーのディスクを２枚使います。

遊び方

①２チームに分かれます。

②ドッヂビーを投げる人は、キャッチした地点から必ず３歩動いて投げます。コートの外に出たディスクを拾った子は、コートのまわりのどこからでも入ることができる。入ってから３歩で投げる。

③あたった子はコート脇で待機します。

④同じチームの仲間が相手チームをあてたら、待機していた子が順番に戻れます。

⑤相手を全滅させたチームの勝ちです。

遊びのなかの子どもたち

　結構ハードなスピードで展開するので、すぐにみんな汗だくになります。時間的にはクールダウンしていく時間なのですが、場所と人数の制限があるので、いつしか迎えが遅い子どもたちだけのお楽しみになっていました。迎えがきてもすぐ帰らないので困りますが、保護者は異年齢で遊ぶ様子をみて「楽しそうで安心した」と好意的です。

　困りごととして、チームを組むときに組めない子が出てしまうことがありました。「チーム決めよう」と言うと同時にサッと自分がチームになりたい子のところにかけ寄ったり、「オレ、○○がいい！」と大声で言ったり、ちょっとした人気合戦みたいになると、どうしても乗り遅れた子が出てきたりします。そこで子どもたちと話をすると、「最初からくじ引きにしよう」ということになりました。その場で紙に番号をふってチーム分けするようになりました。以来、『サバイバルドッヂビー』はくじ引きとセットです。でも、力の差が出たり、奇数だったりするときに、そこは高学年が主導で特別ルールを発動して力のバランスをとったり、ドッヂビーが得意な子が「おれはひとりでいいよ」と言ったりしています。

　体育館で大人数で遊ぶようにすると、大人数の対抗戦になったことで、ダイナミックな遊びに発展しました。直接あてるより、細かくパスしながら相手を追いつめていくので、相手チームの動きを見ながら動いています。パスしてもらえるよう「ハイ、ハイ！」とアピールしたり、待機している子が応援するので、とても活気があってムードがよいのも楽しみのひとつです。ドッヂビーを２個入れるので、展開は目まぐるしいのですが、待機している子がしっかり見ていて声をかけています。全員が集中して遊んでいます。（重木）

サバイバルドッジ

「キャッチで仲間が復活
だ」異年齢がいてこそ楽
しめるドッジ！ 必ず投
げられ、復帰できる。

　ドッジボールはおもしろい。同じ学年で力が拮抗しているとなおさらにおもしろい。でも、異年齢や力の差があってもおもしろいドッジボールがあってもいいのでは？

　「遊びながら温かく人と人をつなぐ」「受けるのを挑戦しやすく」「知らずしらずに上達する」「投げる回数が少ない子にボールをわたすやさしさが出しやすい」「強い子も受けたら思いっきり投げられる」「人の好き嫌い関係なく助けたり助けられたりして、思わず『ありがとう』の心が芽生える」。そんなドッジボールを目指してつくった遊びです。あてて相手をやっつけることよりも受けて仲間を助ける（受容の心を育てる）ことを重視したあそびだよ。アウトになっても暇じゃないからね。みんなと声をかけあってめいっぱい楽しんでね。

遊び方

①外野の子は2人で、1ゲームが終わるまで代わりません（1ゲームは8〜15分）。

②あてられた子は、アウトゾーンにあてられた順番に並びます。

③味方が相手のボールをノーバウンドで受けると、味方のアウトの人がアウトになった順番で

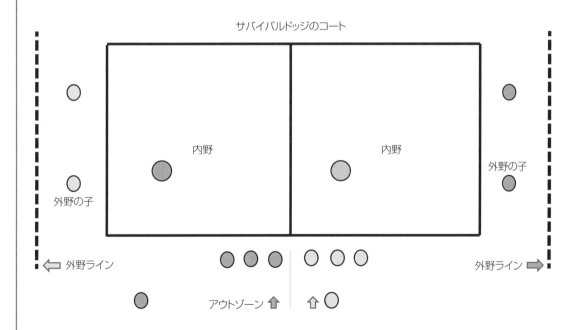

サバイバルドッジのコート

復帰できます。必ず復帰できるので安心して待てるし応援できます。受けそこなってもすぐに復帰できるので、受ける挑戦がしやすいよ。1・2年生が受けると2人復帰、3・4年生が受けると1人復帰など、力の差によって復帰人数を変えるとがんばる力や人とのかかわりも変化してくるよ。異年齢で遊ぶおもしろさが出てくるよ！

④試合時間を決めて行い、時間がきた時点のアウトの人数で勝敗が決まります。

⑤時間がきた時点で同点の場合は、延長戦です。「受ける」か「あてる」かで勝負が決まります（延長戦もすぐに決着がつくドッジボールだよ！）。

補足・留意点

　線を踏みこえてボールを投げたり、「外野ライン」をボールがこえると相手チームの内野ボールになります。そのボールは、「あまり投げていない子」優先のボールになります。「外野ライン」があることで、外野の守りにもボールがこえないようにと緊張感が出るよ。みんながボールにふれられる。そして、遊びながら仲間の遊ぶ様子を見る力がつくよ。

ボールにもこだわってみよう！

　異年齢でする、または、力の差があってもできるドッジボールなので、当然、ボールがこわいとやりにくいよね。だから、あたる恐怖感が和らぐこと、1年生もボールが大きくても強く投げられるようにボールにこだわってみたよ！

しかやんはこんなボールをつくってみたよ

①ボールは布でつくります。大きさはビーチボールくらいの大きさがいいよ。

②ボールの中身は、あたっても痛くないようにパンヤ（中綿）を入れます。重さは、全体で290～300gがいいでしょう（注：パンヤは、上質なものの方が弾力があっていいです）。

③六角形のところには、両側に指を入れるポケットをつくります。低学年は手が小さいので
ボールを持ちにくく投げるスピードも落ちるので、このポケットをつくると指をさしこみ、コツがいるけれど投げやすくスピードが出て、高学年も迫力があっておもしろくなります。

④野外用につくるときは、防水の布を使うといいよ。

指が入るポケット

折り返しは強い布テープを縫い込む

遊びのなかの子どもたち

　私が新しく異動した学童クラブは、人を傷つける言葉も飛びかい、指導員でさえ傷ついてしまうほどやさしさが薄くなっていました。あそびでも弱い子は小さくなり、強い子のリードで遊ぶのでみんなが楽しめない状況で子どもたちは離ればなれの状態でした。

　ドッジボールでは、強い子が投げられるコートの大きさで、1年生は投げても外野に届かない。そして、弱い子をねらって悲鳴を聞いて楽しむ有様。弱い子の不満もくすぶっていました。「学校のクラスドッジはおもしろいけど学童のはいやや！」の声も！　また、あと片づけではボールに最後にさわった人が片づけるルールで、必ずあてあいがはじまる始末でした。

　そのような状況で、「やさしく、みんなが楽しめるようにしようよ！」と子どもたちに提案しても新入り指導員では響かない有様でした。あそびを変化させる方法を知らず、「人より自分を！」の思いがはびこっている集団ですから当然です。

　そこで、あったかい行動が出やすい、仲間を見る力を育てたい、人の好き嫌いを薄めたい、なによりホッとできる学童クラブにしたいと思い、「みんなが楽しめるドッジボール遊び開発研究所」をつくろうとくすぶっている子どもたちに提案しました。賛同する子どもたちと発足！　『サバイバルドッジ』をつくりました。

　その後、言葉もやさしい言葉を大切にするとり組みもできて、あったかい集団になっていきました。自分たちで「受けろ！　受けろ！」コールの応援も飛び出し大合唱！　だれが受けても「ありがとう」と感謝！　仲間の輪が広がりました。やさしさを出すことに照れがある子も素直に出せるようになりクラブへの不満も出せるようになってきました（この実践の詳細は、「コラム　みんなを切らない（排除しない）ルール（p.149）」参照）。（四方）

「安心」してみんなと一緒に遊ぶこと

「パッと見ただけでなにをやっているかがわかる遊び。みんながルールを知っていて、いつでも入ることができる。人数が増えても大丈夫な遊び……」そんな遊びが、どこの学童保育にもあると思います。私はそのような遊びが学童保育には常に必要だと感じています。学童保育に通う子どもたちは、学校から帰ってくる時間がまちまちです。とくに高学年の子どもたちは、先に下の学年の子どもたちが遊んでいるところに帰ってきます。すでにはじまっている遊びに自由に入れることは、宿題や習いごとに追われ、遊ぶ時間も限られている高学年にとっては「安心」につながっているのではないかと感じています。

そのような遊びは、低学年にとっても、高学年にとってもワクワクするような魅力的なものでなければ成立しません。そこで、異年齢の子どもたちが一緒に楽しむことができるように、メンバーにあわせてルールを見直したり、遊び方を変えたりすることが必要になっていきます。

私が所属する学童保育にも、そのような遊びがいくつかあります。そのなかでも子どもたちの遊びの文化として受け継がれているのがドッヂビーです。定番のルールは大切にしつつ、いろいろな遊び方を考えて、みんなのものにしてきました。どの遊びも「困ったこと」が考えるきっかけになっています。

とはいえ、そんなに簡単に話しあいにつながるわけではありません。そもそも、子どもたちが「困ったこと」に気づかないこともあります。「おもしろくないから抜ける」そんな子が増えてくると、その遊びは崩壊します。そこで指導員の出番です。一緒に遊ぶ仲間の一人として発言します。「なんか、おもしろくないな。なんでかな？」と投げかけると、子どもたちも同じように感じていて口々に思いを出しあいます。そして、「どうしたら、おもしろくなるかな？」をテーマに話しあいがはじまるのです。

ドッヂビーのルールはドッジボールと同じように、内野と外野があって、あてたりあてられたりしながら勝ち負けを楽しむ遊びです。定番は、ドッヂビーのディスク１枚ですが、人数がどんどん増えていくという「困ったこと」から、コートを広めにとることにしました。でも、それではなかなかあてることができなくて、おもしろくなくなっていきます。そこで、ディスクを２枚使った『ダブルドッヂビー』という遊びに発展しました。２枚のディスクが飛んでくるので集中しないといけないドキドキや、声をか

けあって挟みうちにするなどの作戦も増えるので、高学年が夢中になっていきました。

　すると、また、新しい「困ったこと」が出てきました。高学年の人数も増えて、どうしても低学年との力の差が出てしまい、一度あたったら、外野からなかなか戻れない低学年が「おもしろくないから」という理由で、順番に抜けていくようになっていきました。高学年も低学年が抜けていくことを怒っています。とくに1年生は、キャッチすることや相手にあてることよりも、内野で逃げることを楽しんでいるので、自分であてられず内野に戻れなければ、おもしろくなくて当然です。そこで、「どうしたら1年生も楽しめるんだろう？」と、子どもたちと考えたルールが「お助け制度」でした。

　定番ルールでは、ディスクを最初にさわった人が投げなければならず、ほかの子にゆずることはできません。そのルールを変えて、1年生は外野にいる高学年にわたして「あてて！」とお願いします。その外野の子があてると1年生が内野に戻れるというルールにしました。定番ルールでは「どうせあてれんし……」とディスクを追いかけようともしなかった外野の1年生が、積極的にとりにいくようになりました。そのうちに、「専属の外野をおこう」という話も出てきました。そうなると1年生だけでなく、あてるのが苦手な高学年でも、専属外野にあててもらって内野に戻してもらうことができます。専属外野はドッヂビーの上手な子が選ばれます。花形のポジションです。

　でも、1年生も毎日ドッヂビーで遊んでいるうちに、自分の力で戻りたくなっていきます。「今日はセンゾクどうする？」という確認からはじまるので、「自分で戻りたい！」という子が増えることで、いつの間にかルールは定番ルールに戻っていきます。でも、また新しい1年生が入ってくると、この「お助け制度」が採用されるようになるのです。

　異年齢の子どもたちが、あえて「みんな」にこだわって遊ぶためには、知恵と工夫が必要です。子どもたちにとって話しあいは面倒なことかもしれません。それでも「みんな」にこだわって考えようとするのは、「自分たちは学童保育の仲間なんだ」と感じているからだと思います。もちろん、子ども同士の関係、とくに学年をこえた縦の関係を深めるためには、指導員が意図的に機会をつくることが必要です。日々の遊びや生活、夏休みの行事などを通して、子どもたちがお互いのことを知りあい、かかわりを深めていくことで、自分も仲間の一人だと感じられることが「安心」につながっていくのを子どもたちの様子から実感しています。

　夏休みが明けて秋になると、グラウンドで高学年が「みんな」でケイドロや大将をやりたがります。高学年が大きな声で「やりたいひと〜」と呼びかけると、みんな遠くから走って集まってきます。子どもたちのつながりが深まっていくのを感じてほっとする時期です。そして私も安心してみんなと一緒に遊んでいます。

（重木 奈穂美）

part
5

仲間と一緒に力をあわせて

チームに分かれて、仲間と一緒に力を合わせる遊びです。「勝つ」という同じ目標に向かって、知恵を出しあい、声をかけあい、みんなで力をあわせることで仲間意識も芽生えます。仲間に助けてもらってうれしかったり、助けたい気持ちを持ったり、様々な感情も遊びを通して体験でき、仲間とよろこびやくやしさを共有、共感しあいます。「もう1回！」「また明日も遊ぼう！」と、くり返し遊ぶなかで、子どもたちの関係が築かれていきます。

テーブルカロム

テーブルでする人数限定
無しのカロム。異年齢で
もでき、時間切れでも勝
敗がつくからスッキリだ！

　大阪の指導員さんにカロム（4人で遊ぶおはじきとビリヤードのようなボードゲーム）は、おもしろいよ！　と言われて遊び方を教えてもらいました。「カロムは、おもしろい！」そんな感想をもちました。やってみたいな～と思っても、カロムの盤は、高価でなかなか手にいれられない。つくろうと思っても大きな決意がいる。また、手に入れても盤が大きくて保存に場所をとってしまうと思いました。

　そして、1つの盤に4人でゲームをするなど、人数が限定されることがあまり好きになれませんでした。そこでこれらの不安をとっ払えないかと考えつくったのが、『テーブルカロム』です。盤は長机でするから、いるのはパックだけ！　4人以上でもできる遊びになりました！　ほかにいろんな机でもできるから利用してやってみよう！

場所や用意するもの

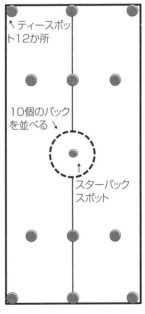

テーブルカロムのフィールド

ティースポット12か所

10個のパックを並べる

スターパックスポット

人数　2人～10人くらいまで、一緒にできるよ。2チームに分かれて対戦するよ。

道具　45×180cmの長机2脚（違う机でもいいです）。
　　　パック（直径4cm、厚さ1cm、5mmの穴）2個、または各自自分用のストライカー。ピンクと黄緑のチームパック5個ずつ。スターパック1個。
　　　養生テープ（ティースポットとスターパックスポットのマーキング用）。

準備
・机を2脚くっつけよう。そして、ティースポットのマーキング12か所を養生テープで張る（養生テープで丸い形にしなくていいよ！　長四角のままでいいです！）。
・10個のパックを並べる円の線は描かなくていいです。図の点線の場所に2チーム交互にチームパックを並べます（ピンク→黄緑→ピンク……のように）。
・中央にスターパックのスポットをマーキングしスターパックを置く。

遊び方

①遊び場（フィールド）の準備ができたら、2チームに分かれてプレーをする順番を決めよう（2

チーム1人ずつ交互にプレーをするよ)。

②12か所の好きなティースポットに自分のストライカーを置いて、自チーム色のパックに目がけてあて机から落としていきます。ストライカーは指先ではじいてすべらせます。

③自チームの5個のパックを落として、スターパックを先に落としたほうが勝者になります。

④ゲームの途中で以下のことが起きたらペナルティーがあります。ペナルティーを受けながら進行していきます。

・ストライカーをはじいてストライカーが机から落ちたら、獲得していたパックを1個返却しなければいけません。パックはスターパックスポットに置きます。すでにパックが置かれていた場合は、上に重ねて置きます。パックを獲得してなかったら、返却はしなくてもOKです。

・ストライカーと自チームのパックが一緒に落ちたら、落ちたパックをスターパックスポットに置きます。

・誤って相手チームのパックを落とした場合は、相手チームの獲得パックとなります。

・ストライカーと相手チームのパックを落とした場合は、そのパックは相手が獲得します。そして、自チームの獲得したパックを1つスターパックスポットに置きます。

・自チームのパック全部を獲得していないのにスターパックを落としてしまった場合は、獲得したパック全部をスターパックスポットに置き、返却します。

・全部のパックを獲得して、スターパックを落とすときに一緒にストライカーが落ちた場合は、スターパックを戻し、かつ、獲得したパックを1つスターパックスポットに戻します。

⑤いずれかのパックを落とし自分のストライカーが盤から落ちずに残った場合は、もう一度プレーできます。ただし、自分のストライカーが止まったところからはじきます（ストライカーとパックについている穴は、養生テープのエリアに入っているかを見る穴です）。

パックとストライカー

補足・留意点

・パックの後ろには数字を書きます。時間がきても終わらない場合は、ゲットしたパックの数で勝負を決めますが、同じ数の場合は数字が得点になり、多い方が勝ちです。数字は見えないように置くといいですよ。チームの仲間と情報を交換するなどチームワークがとれるよ！
・マイストライカーをつくるとまた楽しいです。ストライカーに愛着が生まれるよ！
・机の端にマンカラの盤や、角材を置いたりすると、障害物になり、ゲームの幅が広がるよ！
・パックの後ろに書いてある数字を使って、ほかのルールをつくってゲームをしてもおもしろいよ。たとえば順番に落とすとか？

遊びのなかの子どもたち

　『テーブルカロム』は、チームで交代しながらゲームを進めます。初めての子も「ここをめがけて打て！」とアドバイスをもらいながらできるので気安く「寄せて！」と入っています。チームのだれかがペナルティーをもらっても、どこをねらうかを考えあってのことなのでおだやかに遊べています。時間切れで遊びを終えなければならなくなっても、そのときの状況で勝敗が決められるので、ストレスなく終わり、きりかえができ、次の行動に移れています。仲間とおだやかに遊べて緊張とスリルがある遊びなので大人気の遊びになりました。

　伝承あそびは、おもしろいから残っている。このカロムだって、滋賀の彦根では昔から大会も行われ地域に根づいていました。しかしどこででもできるわけではなかったのです。それはおそらく、カロムの盤がネックだったと思われます。道具がなくてできないのはよくあるものです。場所や環境、規則によってできないこともよくあります。でも、それにあわせて遊ぶことはできるのです。「ああ～！　○○だからできない！」とあきらめず考えてみましょう！

　「狭い広場だから野球はできない！」……いやいや！　『クロス野球』ならできるし体育館でもできる。「盤を買うお金もないし、置く場所もない」……いやいや！　盤を机に置きかえればカロムはできる。「溝にガラスやなにかケガするものが入っているから入らない！」という規則……いやいや！　みんなで掃除してきれいにしたら、いくらでも遊べます。実際、掃除して、チュービングをして遊びました。

　貪欲にあそびましょう！　あそびの本質とは、いろんな遊びを体験して、自分にあった得意なもの（あと、趣味から仕事になるもの）を見つける旅なのです！　際限なく体験できるようにしていきましょう！　遊びが自分の進路を決めていくスタートなのですから！（四方）

かまぼこ板落とし

　学童保育の「伝統あそび」として、かまぼこについている板を、身体全体を使って遊びます。かまぼこ板に絵を描いたり色をぬったりして、「マイかまぼこ板」をつくります。またチーム戦になるので、子どもたちの関係を団結させる遊びでもあり、昔から続いている学童保育ならではのなんだかほっこりする遊びです。

遊び方

① 1人1枚かまぼこ板を用意して、2チームに分かれ、先攻と後攻をじゃんけんで決めます。
② 両チーム1対1になるように間をあけて向かいあい、後攻チームは、かまぼこ板を横向きに立てます。
③ 先攻チームは、相手の板を倒しにいきます。目の前のかまぼこ板を倒したら次に進めますが、相手チーム全員のかまぼこ板を倒さないと進めません。失敗した人は、成功した人にかわりに倒してもらいます（お助け）。相手全員のかまぼこ板を倒せなかったら交代します。

かまぼこ板の落とし方

① 頭……頭の上にかまぼこ板を乗せて、少しだけおじぎをするようにして落とす。
② 首……あごにはさんであごをあげて落とす。
③ 胸……背中をそって胸のまんなかにおいて、相手の板の前までいって、起き上がって落とす。
④ 背中……背中を曲げてまんなかにおいて、後ろを向いて背すじをのばして落とす。
⑤ 肩……肩において腕をのばして、相手の板の前で腕をおろして落とす。
⑥ 脇……脇にはさんで、相手の板の前で横向きになって脇から落として倒す。
⑦ 腕……板をひじの上にのせて、ひじを動かさずに、相手の前でひじを払うようにして落とす。
⑧ 股……股に板をはさんで、相手のところまで跳んでいき落とす。
⑨ ひざ……ひざにはさみながら、跳んでいき、相手のところまでいき落とす。
⑩ 足……足の甲にのせて、相手のところまでいき、倒す（上から落としてもよい）。
⑪ 3歩……板を3歩でいけると思うところまで投げる。板まで3歩で到達し、そこから手で板をすべらせて相手の板を倒す。
⑫ 2歩……⑪を2歩で行う。
⑬ 1歩……⑪を1歩で行う。
⑭ ストレート……自分の場所から板をすべらせて倒す。

マイかまぼこ板

補足・留意点

・途中でかまぼこ板が落ちたらアウトになります。
・⑪⑫⑬⑭は靴下をはいていると床がすべるので、靴下を脱いではだしになります。
・相手にかまぼこ板を返してあげるときは、投げたりしないですべらせて返すようにします。

遊びのなかの子どもたち

　かまぼこ板に絵を描くところからはじまるので、子どもたちは板を分身のように大事にします。自分がクリアしてもチーム全員ができないと次には進めず、クリアした子にできない子が「お助けして～」とチーム戦のように遊びます。学年・男女関係なく遊べて、高学年が低学年にお助けしてもらうときもあります。
　身体を全部使った遊びで、雨の日や外で遊べないときは、「かまぼこしよう」とすぐ遊べ、2人から遊べます。マイかまぼこ板は子どもたちが自分で管理してロッカーなどに入れておきます。(鈴木)

キング（ビー玉遊び）

「どうしよう。あそこに
キングがいてる」「まん
なかの穴にビー玉をいれ
てキングになるぞ！」

　夏休みに久しぶりにビー玉遊び『キング』がはやりはじめました。このあそびは勝てば
とてもうれしいのですが、失敗したり負けたりするととてもくやしい思いをする本格的な
ルールのあるあそびです。そのため、かつてこのあそびがはやったときに、そのくやしさ
を乗りこえられずにひと夏このあそびに入ってこられない3年生がいました。

　そのことを子どもたちに話したわけではないのですが、夏休みに入って『キング』をし
て遊びはじめるなか、子どもたちはこのあそびを自分たちで工夫して団体戦で遊ぶように
なったのです。子どものときに、そして学童保育のなかでも、子どもたちとこのようなあ
そびに親しんできた私には、このようなあそびを団体戦で遊ぶという発想はありませんで
した。でもこの夏休みにはやった『キング』のなかでは、団体戦で遊んだことが、大きな
意味を持つことになりました。

遊び方

　図の○は地面の穴、●はビー玉。正方形の頂点の位置に
つくる穴と穴の距離は 2m くらいです。

①まんなかの穴に参加者全員がビー玉を入れます。

②じゃんけんで「仮の順番」を決めます。

③みんなで話しあって、4つの穴のなかから、最初に入れ
　る穴を決めます。

④「仮の順番」で、1人ずつ順番に最初の穴に向かって
　ビー玉を飛ばします。

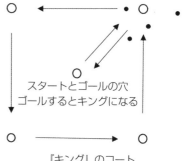

スタートとゴールの穴
ゴールするとキングになる

『キング』のコート

⑤全員がビー玉を飛ばし終わったら、ビー玉の位置を確かめます。「ビー玉が最初の穴に近い
　順番」で「本当の順番」が決まります。以降はその「本当の順番」でビー玉を飛ばしていき
　ます（図は6人の子が対戦のはじめに「仮の順番」を決めて、まんなかの穴から最初の穴に向けて、
　ビー玉を飛ばし終えたところです）。

⑥正方形の四隅の穴を1周回って、まんなかの穴に戻ってくるとキングになれます。キング
　になって、ほかの子のビー玉にあてるとそのビー玉がもらえます。キングになるまでの道の
　りでは、以下のようなルールがあります。

・最初に目指す穴にビー玉を入れたあとは「ほかの子のビー玉にあてる」と「次に目指す穴
　に進む」ことができます。ほかの子のビー玉にあてたあとは、もう1度ビー玉が飛ばせ
　ます（最初に目指す穴にビー玉を入れるまでは、まわりの子のビー玉にあてることはできませ

ん)。そのためまずは最初に入れる穴を目指してビー玉を飛ばします。

・次に目指す穴にビー玉を入れると、もう1度ビー玉を飛ばすことができます。

⑦キングになった子は、ほかの子どものビー玉をねらって、あてていきます。キングになった子に自分のビー玉があてられると、自分のビー玉はキングの子にとられてその試合は敗者となります(だんだん生き残っている人数が少なくなります)。

⑧多くの場合キングは複数名になります。キングはほかのキングのビー玉にあてても、そのビー玉がもらえます。個人戦の場合は、「最後に残ったキング」がその試合で優勝したことになります。

⑨団体戦ではキングになっても、同じチームの子のビー玉にはあてないので、最後は自分のチームのキングになった子が、相手チームの子たちのビー玉全部にあててそのビー玉をもらうと、そのチームが勝利となります(「本当の順番」が1番になった子は、すごく有利に試合をすすめることができます。それはほとんどの場合1番の子は最初に入れる穴にビー玉を1番に入れることができ、そのあとも近くにあるビー玉にあてられ、さらに次の穴にすすむことができるからです。そのため「本当の順番」を決めるためにはじめの穴にビー玉を飛ばすときはとてもドキドキする瞬間です)。

補足・留意点

・『キング』は、暑い季節に日陰や木陰で遊ぶのに絶好の遊びです。もちろん春や秋でも『キング』は楽しめます。

・これからみなさんの学童保育でこのようなビー玉遊びをはじめるとしたら、私は団体戦のあそびとして導入されることをおすすめします。

・団体戦になっても基本的なルールは同じです。違うところはキングになったときに味方チームの子のビー玉はねらわないところです。そして味方のチームで教えあい励ましあい協力しあいながら、試合をすすめるように子どもたちを導いていけるところです。

遊びのなかの子どもたち

　個人戦で行う『キング』では自分のビー玉が、キングになった子のビー玉にあてられてとられてしまったり、ここぞという大切な場面で失敗したりすると、とてもくやしくて子どもたちはくじけてしまうことがあります。

　でも同じようなことがあっても団体戦の『キング』のなかでは、子どもたちは教えあい励ましあい協力しあいながら『キング』を楽しむことができるので、くやしいことがあってもそのくやしさをゆるめたなかで諦めずにチャレンジできる力が養えました。

　たとえば子どもたちは少し遠くにある次の穴に入れようとするとき、同じチームの子同士で協力しあうことがありました。相手チームのビー玉の動きも見ながら、味方の子がビー玉にあてて次の穴に進めるように、味方の子のビー玉の近くに自分のビー玉を飛ばすことがありました。またそのおかげでビー玉にあてて次の穴に進むことができるようになると、その子は恩返しとばかりに自分のビー玉の近くに飛ばしてくれた子のビー玉が目指す穴の方に近づくように、自分のビー玉を力強くあてていました。団体戦では子どもたちはこのように協力しあって試合をすすめていきました。

　もちろん団体戦でも相手チームのキングになった子に自分のビー玉があてられてビー玉をとられてしまうことがあり、くやしさのあまり涙を流す子がいました。でもそんなときには同じチームの上級生から「＊＊ちゃん、泣くなよ」「今度は、相手のキングを倒そうぜ」という、励ましの声がかかったりするのでした。また相手チームのキングの子から逃げているときには、団体戦であるがゆえに初心者の子が逃げきれることもありました。味方チームの☆☆ちゃんがキングになる道のりのなかで、次の穴に進むために相手チームの子のビー玉をあてようとしているときには「☆☆ちゃん、失敗してもいいから、思いきって飛ばしや」と、アドバイスの声がかかったりすることもありました。

　『キング』は、キングになった子にビー玉がとられると、とてもくやしい思いをしてくじけそうになることがあります。そのようなくやしいことがあってもくじけないたくましさを子どもたちが育んでいくためにも、初めて『キング』を学童保育でのあそびとして導入されるときは、団体戦のあそびとして導入されることをおすすめします。（札内）

ビー玉とビー玉以外でも遊べる
天地&ホールインボール

ホールインボールは新人をストレスなしで教えながら遊べる！　全員でゴールの穴をめざせ！

　　ビー玉遊びは、昔からのあそびです。こぢんまり遊べ、かけ引きもあり、なかなかおもしろい遊びです。地域によっては、いろんな遊び方があります。このビー玉遊びは、『隠居』という遊び方をだれでも参加しやすいようにルールを簡素化し、『天地（個人戦）』と名づけました。

　　『隠居』は名前のとおりほかの人に自分の玉をはじかれて穴に入れられるとなかなか復帰できないで隠居状態になります。短気な子や見通しが持ちきれない子にとっては苦痛でしかありません。なので、隠居制度をなくしたのがミソです。

　　とは言っても『天地』も玉の動かし方が複雑だったりワープ制度があったりと初心者には覚えるハードルが高いです。また、とってもやさしい子でもたくさんの子に教えながら遊ぶことは、苦痛になってしまいます。

　　そこで、楽しく遊びながらまったくの初心者も一緒にビー玉遊びをしながら遊び方を覚えていく『ホールインボール（チーム戦）』を考えました。さあ～、まずは数人が遊びを覚えたら、初心者を呼び込みビー玉遊びを広げてみよう！

『天地』の遊び方

①スタートから「地獄」→「中」→「右」→「中」→「左」→「中」→「天国」→「中」→「地獄」の順番に穴に入れていきます。

②プレイをする順番を決めたらスタートです。スタートして「地獄」に入れたら、ほかの人のビー玉をあてる権利がもらえます。ほかの人のビー玉にあてると、次の穴にワープができます。そして、もう一度プレイができます。

③すべての穴に入れて「地獄」に帰ってくると親になれます。親はほかの子のビー玉をあてていきアウトにしていきます。あてるともう一度プレイができます。昔は、あてたビー玉をもらえましたが、初心者の子が不利なのとギャンブル性もあるのでなくしました。

④親になってからどこかの穴に入れると好きな穴にワープでき、もう一度プレイができます。

⑤親になり最後まで生き残った子がチャンピオンです。

補足・留意点

　　『天地』は、おもしろい。だが先に述べたようにルールがまだややこしい。遊びに入らず黙ってみている子もチラホラ。「一緒にする？」と誘っても首を振る。わかるまでは入らない

様子。そこで、初心者が入りやすく、初心者が入ってもルールを知っている子が楽しく教えながら遊べないかと考えたのが『ホールインボール』です。初心者がたくさん入ると助けあいが勝負の要になるのでさらにおもしろいよ！　なんといっても自分でゴールするときを選べるのでストレスもかからないし、助けあうから仲間の絆も深まるよ！

『ホールインボール』の遊び方

　2チームに分かれて交互にプレイする順番が決まればスタートです。
①基本的にビー玉の動かし方は、親になるまでは一緒です（天地を覚えるために）。
②親になってセンターの「中」の穴に入れたらゴールになります。
③親になってからは、ほかのビー玉にあててもワープはできません。穴に入れてもほかの穴に
　ワープできません（親の動きを大きくすると相手チームの進みを妨害できる力が大きくなり過
　ぎるからです）。
④親がほかの人のビー玉にあてると、もう一回プレイできます。ただし、1度あてたビー玉を
　連続してあてることは、できません。
⑤親になっても、すぐに「中」の穴に入れなくてもいいです。仲間の進みを助けるための動き
　や相手チームのビー玉をはじいて進みを抑えても OK です（進みの遅い同チームの子のビー玉
　の近くに転がすと遅い子はあてやすくなりワープができます。相手チームの穴に近いビー玉をはじ

いて入りにくくすることもできます）。

⑥だれかが「中」にビー玉を入れてゴールした場合は、はじめの順番通りに続けてその子の順
　番は飛ばします。

⑦チーム全員が早くゴールできたら勝ちとなります！

⑧時間切れで勝負がついてない場合は、親になった人数が多い方が勝ちです。同数の場合は、
　チームで一番進みが少ない人の進み具合で勝敗を決めます（少ない方が負け）。

遊びのなかの子どもたち

　『天地』を紹介した際、真っ先に高学年の男子が飛びつき覚えていきました。でも、女の子
には広がりません。ある日、もっとやれる場所を増やそう、女子にも広めようと、草が生えて
いるところにいきハサミで草を短く切りました。そこには、ままごとをしている1年生の女
の子たちがいたのです。

　早々に「なにしてんの？」と反応がありました。「ビー玉の芝生コースをつくってるんや！
手伝ってくれるか？」と言うと「うん！」。一緒につくり上げると「ビー玉ここでするか？」
の声かけに「うん！」と即答でした。女の子にも広がりましたが、ルールが複雑なのでみんな
に、というところまでいきません。「私、1回も親になったことない！」「私下手やもん！」と
泣き出す子もいました。あそび方をみんなが知ること、遊び込んで上手になること、そして教
える楽しみを体験してほしいと思い、『ホールインボール』を考えました。そして、班対抗で
ホールインボール大会をしました。

　ホールインボール大会は、盛り上がりました。できる子できない子がいて、協力しあうので
みんなが安心してできました。「初めて親になれたー！」と飛び上がってよろこんだ子もいま
した。大会が終わると全員が遊び方を知ったので、広場のいたるところに穴ほこができた状態
です。遊び終わったら必ず穴を埋めておこうのルールも生まれました。夏休みの2泊3日の
合宿も「ビー玉持っていっていいか？」の声、「空いたときにしていいよ」と答えると合宿場
のグラウンドにも穴がいっぱいでした（もちろん、終われば穴は埋めています）。

　一番びっくりしたのは、女の子たちが1年間やり続けたことです。ゲームをしながら井戸
端会議ができたからかな？　女の子たちの代表する遊びのひとつになりました。子どもたち全
員が遊びの仕方を覚えることが、子ども集団のつながりを広げる大切なことだと確認できまし
た。

　ビー玉あそびを覚えると、雨の日もやりたいのが子どもです。そこでビー玉の代わりに板で
丸いパックをつくり、床に養生テープでマーキングをして、室内でもできるようにしました。
条件が変わっても工夫次第であそべますね！（四方）

はじめの一段（ケンパあそび）

低学年が高学年を助けたり、思い通りにならないことをたくさん経験できる。

　　小石を投げて転がし、ケンケンで進むだけのあそびなので1～6年生まで男女問わずだれでもあそべるあそびです。小石を投げるときの力加減が勝負の分かれ目なので、投げる小石が転がりやすいとか、ピッタリ止まるとか、小石の選別も自分で考え見つける楽しさも味わえます。なんといっても、思いどおりにならないことをたくさん経験できるので、失敗してあたり前。しかし、失敗しないように、思いどおりにするにはどうしたらいいのか、力加減や投げ方、小石を何回も変えたり試行錯誤して徐々に上達していく様子が子どもたちの成長につながっていると感じています。また、失敗してもなじることなく教えあったり、励ましあったりする姿も見られます。

場所や用意するもの

・自分の足で踏めるくらいの小石各自1つ。
・コートを描くチョークやビニールテープやガムテープ。土の上ならライン引きか足で描く。

遊び方

①地面に図のような30cm幅の枠を2～4m離して描く。あそぶ人数は2～10人くらいであそべます。

②たとえば6人であそぶ場合、3人ずつの2チームに分かれて左の枠、右の枠の位置につきます。じゃんけんで先攻後攻を決めます。

③後攻の人は枠の外で待機します。先攻の人から各自一斉に「はじめの、いーちだん」と言って、左の枠のなかから自分が1歩で小石を踏める位置に小石を下投げでゆっくりと投げます。そして、枠から1歩で自分が投げた小石を片足で踏みます（踏めなかったらアウトです）。ケンケンの状態のまま踏んだ小石から足を離してその小石を拾います（拾うときに地面に手をついたり両足がつくとアウトです）。

④小石を拾ったら、ケンケンのままで右の枠のなかをねらい下投げで小石を入れます（入らなかったらアウトです。線上はセーフ）。枠のなかに入ればその場からケンケンで「2・3・4・5」と数えて5歩目で右の枠のなかに両足をついて入ります（枠から出たり線を踏むとアウトです）。

⑤自分の小石を拾ったら、今度は自分たちの左の枠にケンケンで5歩で戻ります（枠から出たり線を踏むとアウトです）。これで1段目が成功です。

　　3人全員が成功したら次の2段目に進みます。しかし、同じチームの○○くんが失敗した場

合は、成功した□□くんか△△くんがかわりに再チャレンジします。その場合は「○○くんのかわりの一段」と言って行います。□□くんが失敗しても△△くんが成功すれば次の2段目に進めます。2人とも失敗したら後攻チームの番となります。

⑥ 2段目は「つーぎの、にーだん」と言って、枠のなかから自分がケンケン2歩で小石を踏める位置に小石を下投げでゆっくりと投げます。そして、枠から2歩で自分が投げた小石を片足で踏みます。そして、ケンケンのままで右の枠のなかをねらい下投げで小石を入れます。枠のなかに入ればその場からケンケンで「3・4・5」と数えて5歩目で右の枠のなかに両足をついて入ります。そして、自分の小石を拾って今度は自分たちの左の枠にケンケンで5歩で戻ります。これで2段目が成功です。

⑦ 3人全員が成功したら次の3段目に進みます。3段目、4段目も同じように3歩目、4歩目で小石を踏んで、その場からケンケンで相手の枠に小石を入れて、3段目の場合は2歩、4段目の場合は1歩で枠に入り自陣の枠に5歩で戻ります。

⑧ 最後の5段目に挑戦するときは、「さいごの、ごーだん」と言って、自陣の枠から相手の枠に小石を投げて入れます。入ればケンケンをして5歩で相手の枠に入り小石を拾って5歩で自陣の枠に戻ります。

⑨ 3人全員が5段まで早く成功したチームの勝利となります。もちろん、各段で失敗した人のかわりの再チャレンジはできます。

遊びのなかの子どもたち

　見た目は簡単そうなあそびなので、1年生も自分から「やらして」と入ってきます。いざやってみると思った以上に難しく思いどおりにいかないと感じます。しかし、失敗する人の方

が多いので、あまり失敗を気にしなくてもいいことにもやりやすさを感じます。また、失敗しても成功した人がかわりに再チャレンジしてくれたり、自分自身が成功して失敗した人を助ける立場にもなることもあり、上の子から「ありがとうね」と感謝されてうれしくなることもあります。おもしろいのは、失敗を小石のせいにして頻繁に小石をとっかえひっかえする人やとても1歩では踏めないところに小石を投げて頭を抱える人、2段目なのに小石を拾って「2・3・4・5」とまちがえて進んでしまったり、「失敗しても大丈夫！ 俺が成功して助けるさ」と言っておきながら、自分が失敗して助けてもらったりなどの失敗談も多々あり、みんなで楽しく失敗できる雰囲気もいいところです。

　ぶつかりあいとしては、「小石を踏んだ踏んでない」「線から出た出てない」などでもめることもありますが、ここは上の子や正義感の強い子が仲裁に入り、みんなから意見を聞いてどうしたりいいのかみんなで考えたり、じゃんけんで決めたり折りあいをつけたりしています。そして、沖縄らしさの「ゆいまーる（助けあい）」のルールがあるのもいいところです。失敗した人のかわりに再チャレンジして助けてあげられることが、仲間意識や助けてもらったことへの感謝の気持ちにつながっています。（森川）

ホームランけんぱ

団体戦で教えあい励まし
あい、石を投げ、石を蹴
る技を磨きあいながら、
楽しく遊べる。

　学童保育の子どもたちが『かかしけんぱ』をはじめていたので、一緒に遊びました。その発展の遊びをと考え、私が子どものころに遊んだ『ホームランけんぱ』というけんぱ遊びを子どもたちに教えてあげました。そのことをきっかけにしてこの『ホームランけんぱ』が学童保育ではやりました。

場所や用意するもの

・コートの広さは、全体で縦5m・横2.5mくらいが目安です。
・1グループ4〜10人くらいで2つのチームに分かれ、団体戦で遊びます（もちろん個人戦でも遊べます）。

遊び方

①じゃんけんなどで先攻と後攻を決めて、けんぱをはじめます。

②スタートは①の場所に両足で立ちます。同じチームの子が1人ずつ順番にチャレンジします。

③まず②のコートにチームのみんなが順番に下投げで石を投げ入れます。②には片足ケンケンで入ります。線を踏まないように、そして仲間の石にあたらないようにケンケンしている足で少しずつ自分の石を蹴って、動かしていきます。そして右足で石を蹴る子は③の右側へ、左足で石を蹴る子は③の左側へ、その石が入るように石を蹴ります。蹴った石が線上に止まったり、③に入らなかったらアウトになります（アウトになったら次の人に交代します）。

④次に、たとえば右足で石を蹴る子が③の右側のところに入った自分の石を蹴る場合、片足ケンケンをしている②から跳んで③のまんなかにある線をまたぐようにして両足を開いて着地します。その両足での着地の瞬間に右足で自分の石を④に向かって蹴ります。この蹴り方を「パー蹴り」とい

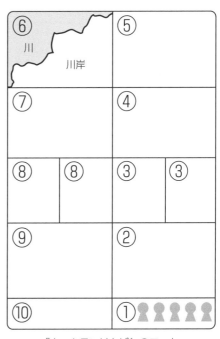

『ホームランけんぱ』のコート

います。このとき線を踏んだらアウトになります。

⑤自分の石が④のコートに入ると、③の両足で立っているところから跳んで、④のコートには
片足ケンケンで入ります。そして少しずつ石を蹴っていき⑤のコートに石を蹴り入れます。

⑥自分の石が⑤のコートに入ったら、線を踏まないようにして片足ケンケンのまま、⑤のコー
トに入っていきます。⑤のコートでも、少しずつ石を蹴っていきます。次の⑥のコートは、
川岸です。⑥のコートには、川岸のところに石を蹴り入れます。ここで蹴った石が川に入る
とアウトになります。

⑦⑥の川岸のところに石が入ると、⑤から⑥の川岸の方へ片足ケンケンの状態でジャンプし、
⑥にある自分の石をまたぐようにして地面に両足をつきます。このときその子の身体はコー
トに対して横向きになっています。そして自分の両足の間には自分の石があります。この石
を蹴るときは左足を上げながら、石を右足で左横に蹴ります。するとその石は自分の左足の
下を通って、⑦へ入っていきます。この蹴り方を「横蹴り」といいます（左足で「横蹴り」
をしたい子は⑤から⑥の川岸のところへいく際、空中で身体を半回転させて自分の石をまたぐよう
にして着地します。このようにすると左足で⑦に向かって「横蹴り」ができます）。

⑧⑦のコートに石が入ったら⑦のコートには片足ケンケンで入り、少しずつ自分の石を蹴って
いき、右足で石を蹴る子は自分から見て⑧の右側に自分の石を蹴り入れます（左足で石を蹴
る子は⑧の左側へ石を蹴り入れます）。

⑨⑧に入った自分の石を蹴るときは「パー蹴り」です。このときに蹴った石が⑩に入ると、

ホームランとなり2点がもらえる流れです。⑨のコートに石が入った場合は、片足ケンケンで⑨のコートへ入り、石を蹴って1回で⑩へ入れると二塁打で1点がもらえる流れです。⑨に入った石を2回以上蹴って⑩に入れると、ヒットで0.5点（2つ集まったら1点）がもらえる流れです。

⑩⑩には片足ケンケンで入り、片足立ちの状態で自分の石を拾ってコートの外に両足で出ると、チャレンジは終了となり前述した得点がもらえます。

補足・留意点

・石は「平べったい石」がおすすめです。

・コートの横の広さを大きくすると、遊ぶ人数を増やせます。

・『ホームランけんぱ』には二つの遊び方があり、一つ目ははじめに下投げで石を投げ入れるところを常に②のコートとする遊び方です。そのなかで合計得点を競います。初めて遊ぶ場合はこの遊び方がおすすめです。二つ目はそれまでに自分のチームが獲得した得点によって、はじめに石を投げ入れる場所が変わる遊び方です。たとえば1回目のチームの得点が2点だったとすると、次の回にこのチームの子どもたちが投げ入れるところは、②+2点=4で、④のところになります。そして、はじめに入れる場所が⑩に到達したチームが勝利となります（つまり8点を先に獲得したチームが勝ちです）。

遊びのなかの子どもたち

団体戦では、自分のチームの1年生や初心者の子たちが『ホームランけんぱ』にチャレンジするときは、その都度いろんなアドバイスの声がかかりました。このアドバイスの内容の的確さは、チームの勝利と子どもたちが腕前を上達させるうえで、大きな力となりました。

あそびはじめのころは上記の一つ目の遊び方がおすすめです。二つ目の遊び方で、かつ団体戦で『ホームランけんぱ』をする場合、チームワークがとても求められます。とくに③⑥⑧のコートに石を蹴り入れるときが難しいのです。どのあたりに蹴り入れるといいかをよく考えて、チーム一人ひとりの子に、その都度声をしっかりとかけ、的確なアドバイスをするリーダーがいました。石を蹴り入れる順番にこだわるリーダーもいました。

また石を蹴り進んでいったとき、自分の蹴った石がチームの子の石にあたることもあり、チームの子に迷惑をかけてしまったり、迷惑をかけられたことで、怒る子や泣いてしまう子がいました。でも「大丈夫や、心配するな！」と励ます声がかかることもよくありました。

⑥での「横蹴り」や、③や⑧での「パー蹴り」は、練習すれば子どもたちはできるようになっていきました。でも、ホームランを成功させることは難しいようです。⑨での1回蹴りで二塁打にするときも、距離が遠いときは難しいようです。『ホームランけんぱ』は、教えあい励ましあいながら、団体戦でも楽しめるとても楽しいけんぱ遊びです。（札内）

大根抜き

　コロナ禍で感染対策のため「人と人の距離を保つ」ことを指導員も子どもたちに対して口をすっぱく話していた時期がありました。空間の距離だけでなく心の距離も離れているような感覚を覚え、このような時期だからこそ感染対策をきちんとしたうえで「人とつながることのよろこびや大切さ、団子になって遊ぶ楽しさを!!」とあえて『大根抜き』を提案し、子どもたちと遊びました。必死になって足を引っ張る子、抜けないように手を固くつなぐ子、「そっち、そっち2人でいって」と高学年が作戦を立てて遊んでいる様子に、「やっぱりこれだな!!」と感じました。

遊び方

① 10〜20名程度で遊べます。オニ（抜く人）を1人、人数が多いときは2人決めます。

②ほかの子たちは腹ばいに寝そべり、手をつないで円になります。

③「よーいはじめ」で、オニは寝そべっている子たちの足を持ち、大根を抜くように引っ張っていきます。

④引っ張られ、抜けてしまった子（つないでいる両手が離れてしまった子）は、一緒にオニになり、ほかの子の足を抜いていきます。オニがどんどん増えていき、オニ同士声をかけあいながら抜いていきます。

⑤寝そべっている子が隣の子の手を一度はなしてしまったら、つなぎ直すことはできません。最初の1人が抜かれた時点で、大きな円ではなく1本の線状になります。

⑥最後まで手をつなぎ続けて、オニに抜かれなかった2人が次回のオニになります。

補足・留意点

・寝そべっている子たちは大根なので、ひじや足などを使っての移動はできません。

・オニに足を持たれるときに、オニを蹴ってはいけません。

・靴下をはいているとやりにくいかもしれません（靴下が脱げていくので）。

・オニは必ず足を引っ張る。ズボンを引っ張ってはいけません。

・オニは寝そべっている子たちをくすぐったり、踏んだりしてはいけません。

・半袖・短パンでも行えますが、長袖・長ズボンを推奨します（ケガや床のすべり具合の関係）。

遊びのなかの子どもたち

　低学年の子たちに『大根抜き』の説明をしながらはじめた遊びでしたが、キャッキャッと楽しげに遊ぶ声や姿に高学年も男女も関係なく「入れて」と入ってきました。汗をかきながら、「○○には、もんさん（私）と△△ちゃんがいって引っ張って」と高学年男子の指示も出ながら遊ぶ様子がありました。笑顔が多く、何度も何度も回数を重ねて遊んでいます。私（指導員）も大根になり、5人がかりで足を引っ張られました。感染症がこわい・不安な子は無理強いせずに「参加したいと思ったら参加してみて」と声をかけました。「痛い、痛いよ」と抜かれまいと必死に手をつなぐ子へは、「痛かったら離すんだよ」と無理をしないことを伝え、引っ張る方も加減するなど、工夫が見られました。

　保護者には、冒頭に書いたようなことと「きちんと消毒とマスクをして行っている」ことを伝え理解を求めました。また、足を引っ張られるため青くあざのようになったりする部分についても話をして理解していただきました。

　「つながること」を意識して『大根抜き』を、とすごく単純な考え方で安易に子どもたちに提案しましたが、子どもたちの遊ぶ様子を見て、あらためて人とつながることと子どもたちが団子になって遊ぶことの成長過程が大切なものだと感じました。（門田）

助けぼい（追う）オニごっこ

　『助けぼいオニごっこ』は、私が小学校の高学年時代に体育館でよくしたオニごっこです。休み時間になると同学年で男女混ざってやっていました。助けるスリルとオニになったら協力して守らないとズタズタになり負けるくやしさ、全滅させると相当な満足感にひたれるのです。子どものころにした遊びなので、どこでもしていると思いきや、私が勤める地域ではしていませんでした。

　クラブでは異年齢でするので、若干アレンジ（とくにオニのグループ）が必要ですが、遊びの満足感は、子どものころと一緒です。大人数でする方がおもしろい遊びです（子どものころは、クラスみんなの36人でしていました）。

遊び方

①参加人数にあわせて、オニの人数を決めます。オニは「守りオニ」と「つかまえるオニ」に

役割を分けます（チームワークが大切です。オニが多すぎるとすぐに全滅してしまいますし、少なすぎるとなかなか全滅できません。遊びながら適当な人数を決めるといいです）。

②オニにタッチされたら、アウトです。「つかまり柱」につかまって助けを待ちます。2人目からは、手をつなぎます。

③逃げている人は、つかまった人を助けにいきます。つかまった人の手を切ると、切れた手より端側（「つかまり柱」とは逆方向）の人は逃げられます。つかまり柱の根元の手を切ると、全員助けられて逃げられます。

④時間内で全滅させたらオニの勝ち。全滅させられなかったら逃げる人の勝ちです。

補足・留意点

・オニに少しでもふれられるとアウトです。

・オニにタッチされてつかまり柱にいくときは、手をあげてつかまったことをオニに知らせながらいきます。

・つかまり柱につながった人たちは、柱を中心に扇状に移動してもOKです。

・逃げる人は、つかまり柱のあるところより後ろは入ってはいけません（広場でするときは線をハッキリと描きましょう）。

・ゲームの途中でオニが集まって作戦を立ててもかまいません。ただし、ゲームは続くのでその間に助けてもOKです。助ける人も作戦を立てて、共同して助けにいってもOKです。

・手を切られる前に手がつかまり柱から離れていたら、助けられたことにはなりません。そのまま、つなぎ直します。

遊びのなかの子どもたち

オニを学年ごとにすると作戦を立てやすくなり、おもしろいです。学年のまとまりもよくなるでしょう！　学年ごとに、オニの人数を変えましょう！　低学年になるほど、オニを多くするといいでしょう！　高学年になるほど、プライドが高くなるので結束力を発揮します。低学年のオニが全滅させるとプレッシャーにもなるのでさらにガッツが出てきておもしろいですよ！　高学年の作戦を低学年が見るとマネをしていくので、低学年のレベルアップにもなります。

『助けほいオニごっこ』のやりはじめは、オニも逃げる人も個人で、オニごっこ状態でした。助けにいくときも単独で突っ込むという状態です。あそび慣れてきたときには、「ぼくが突っ込んでオニをかく乱するからそのときに助けにいけ！」など声がかかりはじめました。オニも随時守りと攻めを交代したり、アウトの人が増えてくると体制も変えていく姿が見えてきました。みんなと共同でするオニごっこを存分に楽しんでいます。（四方）

ろくむし

　私が子どものときよく遊びました。当時はゴムボールを使っていましたが、ゴムボールは小さくハードルが高いので、学童保育ではあたっても痛くないちょっと大きめのボールにしています。「遊ぶスペースが狭くてもできる」「小さい子も一緒になって遊べる」「ルールは大きい子が教えてあげる」遊びです。相手が投げるすきを見て走るのは緊張感があります。

遊び方

①ソフトドッジボールやスポンジボールを１つ使います。

②円と円を走って点をとるチームと、相手にボールをぶつけるチームの２チームに分かれます。

③点をとるチーム（攻めるチーム）

・キャッチボールのすきをねらって、相手チームにボールをあてられないように円をいききします。左の丸から右の丸へいくと、「半（はん）むし」、さらに元の丸へ戻ると「1(いち)むし」と数えます。6往復すると「ろくむし」となり、1点を獲得できます。

・円のなかにいるときは、ボールをはたいて、相手のキャッチボールをじゃますることができます。ただし、ジャンプなどで円から出てはいけません。

・敵のチームがキャッチボールを6往復するまでに、反対の円まで走ります。ボールにあてられたらアウトになります（あたった子は、じゃまにならない場所で、味方を応援する）。
・点数はチームで合計します。

④敵にボールをあてるチーム（守るチーム）

・守るチームの2人がそれぞれ円の近くに立ち、キャッチボールをしながら、円から円に移動しようとしている相手チームの子にボールをあてます。キャッチボールをしている2人はその場から動いてはいけません。ほかの子はキャッチボールをじゃまされて飛んでいったボールを拾いにいく役割です。
・1回キャッチボールが成功したら、「半むし」。2回成功（往復）したら「1むし」と数えます。「ろくむし」（12回キャッチボールが成功）になると、相手チームの子をひとりだけアウトにできます。
・「ろくむし」のキャッチボールを成功させる前に、相手チームのだれかが反対の円を移動できた場合には、「半むし」から数え直しです。
・相手チームの子にボールをあててアウトにしたら、キャッチボールは「半むし」からやり直し。相手チームにじゃまされ、キャッチボールを失敗した場合も、「半むし」からやり直しです。
・相手チームを全員アウトにしたら攻守交代です。

補足・留意点

・1年から6年までできるように使うボールを考えて選んでいます。
・円と円の距離も、小さい子がいるときは距離が短くするなど、工夫できます。

遊びのなかの子どもたち

　大きい子が一緒に逃げてくれることもあるのがうれしい。円のなかに残っている子どもを助けるために、勇気をふるって、飛び込んでくれる子がかっこいい。小さい子が入ると、すばしっこい子は、うまくすり抜けて、上手だねとほめてもらえるし、ボールが苦手な子も大きい子が助けてくれるから、楽しんでやっています。以前、股関節の手術をして走ってはいけないお子さんがいました。子どもたちは、○○くんルールをつくって一緒に遊びました。はじめは、「○○くんはあてちゃいけない」となったものの、「じゃあ、終わらないじゃん」「いくつ数えたらあててもいい」「足はあてちゃいけないから、ボールをあてないで、タッチする」と子どもたちで相談して、○○くんも楽しめるようにしていました。（木村）

三角はさみん

　お誕生会や地域のドッジボール大会の前などは、みんなで一つの遊びをしていたのですが、普段はそれぞれが好きなこと（あそぶ、ごろごろする、本を読む、じゃれあう、ぼーっとするなど）を、気のあう友だちと、あるいは1人でしていました。指導員間では、「子ども同士の関係をふくらませていきたい」「ルールを守って遊ぶ楽しさを実感してほしい」と考えていたのですが、短い放課後の時間のなかでは自由に過ごす時間の確保さえ難しかったので、夏休みに「みんなであそんでみよー」の遊びの一つとして導入しました（全員の子どもに呼びかけるが、参加するかどうかは一人ひとりが決めます）。

場所や用意するもの

・図のように3つの円（ホームベース、1塁ベース、2塁ベース）を地面に描きます。円の大きさは直径約1〜1.5m。円と円の距離は20mぐらいですが、状況にあわせて変えてください。
・直径7〜10cmぐらいのやわらかいボール、地面に円を描くジョーロ。

遊び方

　野球の盗塁を集団でする遊びです。図は、『三角はさみん』がはじまり、盗塁するためにベースで待機している子、次のベースに走っている子がいるイメージです。
①遊び場の準備ができたら、守る人を3人決めます。最初のうちは指導員やキャッチボール

が得意な上級生がよいでしょう。守る人はホームベース、1塁ベース、2塁ベースの円の近くに立ちます。ボールはホームベースを守る人が持ちます。

②ほかの人は盗塁する人で、全員ホームベースに入ります（身体の一部がベースについていればOKです）。

③守る人3人でキャッチボールをして練習し、準備ができればホームベースを守る人がボールを持ち、「プレイボール」と声をかけて、遊びがはじまります。守る人はキャッチボールしたりボールを保持して、盗塁してくるのを待ちます。

④盗塁する人はベースからリードしたり、ベースに戻ったりしながら、自由なタイミングで次のベース、その次のベースに盗塁します。ホームベース→1塁ベース→2塁ベース→ホームベースの順に走り、逆回りはなしです。何人もが一度に盗塁してもかまいません（たとえばキャッチボールをしていた守る人が落球をしたその瞬間に10人が盗塁するなど）。危ないときはもとのベースに戻ってもいいです。オーバーライン（図のベースとベースの間から大きく離れること）したらアウトです。アウトになると外で待ちます。

⑤守る人は盗塁してきた人に手で持ったボールでタッチしてアウトにしていきます。投げるふりをしてベースから誘い出したり、追いかけたり、ベースを守る人に素早く送球し、タッチしてアウトにしていきます（野球の盗塁でアウトにするイメージ）。ベースに身体の一部がついていればタッチされてもセーフです。

⑥だれかが5周回ると（守る人の技量にあわせて、10周、15週などに変えるとおもしろい）全員助かり、もう1度同じ守る人でプレイを再開します（②に戻る）。全員をアウトにできると守る人が交代して次のプレイをはじめます。

遊びのなかの子どもたち

　導入時は指導員とキャッチボールの得意な子どもが守る人になり、運動の好きな子どもに声をかけてはじめました。そのころはおやつのときに、したい遊びがある子が手をあげて、「氷オニしたい人は私のところに集まってください」「サッカーしたい人は僕のところにきてください」とこの指とまれ方式で小集団遊びを展開していました。『三角はさみん』が定着するにつれ「はさみんしたい人は僕のところにきてください」が毎日になりました。小集団での遊びに参加しなかった1年生の男の子が「スリルがあってめっちゃおもしろかった」と終わりの会で発言したり、「私、足遅いからいやや」と言って入らなかった1年生の女の子が、みんなが遊んでいるのを何日も見て初めて参加し「先生、私2周も走れた」とうれしそうに話してくれました。40人あまりの学童保育で、いつしかほぼ全員が参加して遊ぶ遊びになりました。（葉杖）

王様陣とり（おうじん）

　　県外の研修で教えていただいた遊びを導入して、工夫してみました。研修では王様がわからないバージョンの説明もありましたが、王様の冠やマントを華やかにすることで盛り上がったので、王様がわかるバージョンにしてみました。

　　また、6年生が男の子1人だけの年があり、その子の学童保育での居場所づくりを意図として、その子の好きな遊びである『王様陣とり』を導入しました。でも、学年の人数のばらつきがさまざまで、チームを分けることが難しく（6年生の男の子1人というのが浮いてしまう）、頭をひねって「25年生ルール」を考えつきました。「1〜6年生までチーム全員の学年の合計が25になったら OK」のルールで、チームをつくる段階で低学年を増やして数で勝負していくのかバランス重視なチームにするかなどの作戦がたてられ、1人だった6年生も違和感なくチームの一員として活躍できましたし、低学年の子も人数が増えることでチーム強化につながることから、必要とされる場面ができて、学年をこえて学童保育のなかで『王様陣とり』が盛り上がりました。

場所や用意するもの

・王様のコスプレ衣装一式（2セット）。
・ビブス（最低1チーム分、自分のチームと相手チームを区別するため）。
・ミニ三角コーン2つ。
・場所は、体育館ならミニバスコート1面分くらいの広さ。公園でも2つの陣地を決め（木陰など）、おおよその範囲を決めたら遊ぶことができると思います。

遊び方

①2チームに分かれる。
②陣地を決める。陣地内に宝（ミニ三角コーンなど）を置く。陣地の大きさはだいたい、1.5 × 1.5m。四角でなくても半円のような形でも大丈夫ですが、相手チームと大きさや形は同じ方がよいです。参加する子どもが少ないときはもう少し小さな陣地でも大丈夫です。走れる範囲を決めた方が子どもたちの動きがまとまりやすいです。私のいるクラブでは、プールと校舎の間のスペースを利用することが多いです。陣地の大きさと同様で、参加する子どもの人数で範囲を大きくしたり狭くしたらいいです。
③各チームそれぞれ王様を1人決める。ほかの人は家来。スタート時は、まんなかの線より

も手前の自分の陣地にチーム全員が待機します。

④合図でスタート。相手チームの子にタッチしたり、されたりするとじゃんけんをします。勝ったら別の相手チームの子を探してじゃんけんしにいきます。負けたら、その場に座ります。王様は、味方の家来を助けにいったり（王様が味方の座っている家来をタッチしたら復活できます）、陣地のなかに置いているコーンを守ったりします。家来は、王様が相手チームにタッチされないように王様をねらってくる相手チームの家来から王様を守ります。

⑤相手チームの王様にタッチしてじゃんけんに勝つ。相手チームの陣地にあるお宝（ミニ三角コーン）をとる。相手の家来を全員座らせる。3つのうちのどれかできたら勝ちです。

遊びのなかの子どもたち

　普段から盛り上がっていた『王様陣とり』を全体遊びへとふくらませ、歓迎会やハロウィンパーティー、お誕生会で『王様陣とり』の楽しさを学童保育全体のものとしていけるように、冠やマントを手づくりしたり、子どもたちとの話しあいの時間をつくったりしました。

　とくにハロウィンパーティーのときの『王様陣とり』は、家来もコスプレできるので、身体を動かすことはちょっと……という子もコスプレグッズはつくりたい！　と参加してくれる子どもたちがどんどん増え、当日とても盛り上がりました。お宝の三角コーンもハロウィン仕様に変えたり、陣地は使い古したシーツを広げ、一目でわかりやすいように、またハロウィンパーティー当日までどこでも練習できるように工夫しました。仮装によっては、動きにくいもの（段ボール製の R2-D2）もあったのですが、それはそれで王様ではないけれど守ってくれる子どもたちの姿があり、『王様陣とり』から広がる子ども同士のあたたかいつながりを見ることができました。（前田）

全員であそべる
SOS遊びのいろいろ

低学年（お助けマン）が
いてこそ、多人数でより
おもしろい。アウトに
なっても希望が持てる。

　そのときにはやっている遊びをとり入れ、異年齢がいてこそおもしろくなるようにした遊びです。体力や技術が違ってもそれぞれのポジションでゲームにかかわれるように幅を持たせています。人数は何人いても大丈夫！　なんといってもたくさんいればもっとおもしろく、異年齢がいてこそ助けあいがたくさんできておもしろくなる遊びです。『一輪車SOS』をつくってからほかの遊びにも導入しました。ここでは、基本の遊び方を紹介し、そのあと技術をともなわないSOSを5つ紹介します。

基本の遊び方

① 2チームに分かれます。

② 陣地を決めてチームごとに集まります。

③ 各チーム王様を2人決めます。

④ 4年生までいたら1年生全員がお助けマン！　6年生までいたら1・2年生全員がお助けマンとなります（お助けマンは、人数と規模によって決めますが、基本そのゲームで不利になりそうな子たちがその役になります。支援学級の子たちもお助けマンになったりします）。

⑤ 王様・お助けマン以外の子たちは、フリーマンとなり戦います。開始と同時に戦いをスタートします。戦い方はそれぞれの『○○SOS』によって異なります。

⑥ 相手チームの王様2人をアウトにすると勝ちです（お助けマンをアウトにすると王様が出てくる可能性が高まります……作戦です）。

アウトになっても助かる方法

⑦ 相手チームの子と戦って負けたら、その場に座ってSOSを発信して助けを呼びます（座るのは、アウトになっているのをはっきりとわかるようにするためです）。

⑧ フリーマンの子は、お助けマンか王様にタッチしてもらうと生き返り、必ず陣地に戻ってから復帰します（お助けマンをフリーマンが守りながらいくことが大切になります）。

⑨ お助けマンは王様にタッチしてもらうと生き返り、必ず陣地に戻ってから復帰します（お助けマン同士でタッチして助けあうことはできません）。

⑩ 1人の王様がアウトになると、もう1人の王様にタッチしてもらうと生き返り、必ず陣地に戻ってから復帰します（王様は、味方の王様にしか助けてもらえません）。

時間切れの場合

⑪時間がきても勝負がつかないときは、アウトの王様の人数で勝負をつけます。アウトの王様の人数が同じ場合は、①陣地なし・お助けなしでゲームをして短期決戦、②王様がみんなの前で２対２の勝ち抜きグンカン、③フリーマンとお助けマンを足したアウトの人数、のいずれかで勝負をつけます。

遊びのなかの子どもたち

　SOS遊びは、異年齢で、クラブ全員で遊べる集団あそびです。どの子も自分の持ち場をつくって参加できるのでこのSOS遊びが大好きです。

　季節や天候によって、どのSOS遊びで遊ぶかが変わってきます。一輪車にみんなが乗れるようになれば『一輪車SOS』がはやり、コマを回せるようになれば『コマSOS』がはやります。雨降りのときでも、体育館で遊べる『しっぽとりSOS』や『グンカンSOS』などがあります（外でもできますよ）。自分たちで選べる集団遊びがいっぱいあるので、「『○○SOS』は、この間いっぱいやってきたので、そろそろ『○○SOS』をやりたいです」など、賛成意見や反対意見も飛びかいます。なので、話しあった感満載になり、子どもたちの動きが活発になりました。なにより全員で遊べるのでクラブのまとまりがぐんと深まりました。

グンカン SOS

　いつでもどこでも２人で遊べるグンカン（p.9）を使ってSOSをします。グンカンを覚えると家に帰っても気軽にお父さんやお母さんと少しの時間でもふれあえます。

　それを大規模の集団でも遊べるようにしました。力の差がなくなり異年齢で遊べます。足が遅い低学年がお助けマンになるとゲームがおもしろくなり、助けあいながらの交流ゲームになります。王様を隠すので、相手の王様を見つけるためにも味方の情報合戦になり人を見る力や発信して言う力、聞く力がついていきます。『グンカンSOS』……愛称『グンS』です。

『グンカンSOS』ができた背景

　SOS遊びはいくつかありますが、力の差があり、新１年生を迎えてすぐにその遊びをするのに抵抗もあります。安心してSOS遊びを体験できてルールを覚えていけたらと思いました。ルールを覚えて学童保育に慣れてくるとほかのSOS遊びもすぐにできます。

　そこで、年齢関係なしで対等に遊べるようにじゃんけんゲームのグンカンをとり入れました。入所してすぐにこの遊びをすると、１年生がお助けマンなので上級生とのつながりやすさ

しさにふれてクラブに慣れるのも早いです。この遊びをするためにはグンカンを覚えなくてはなりません。おやつのときに食べながらグンカンを教えてもらいます。1年生は、家に帰ると親とグンカンゲームもしている様子で「親子で楽しめました」とよろこびの声もありました。

『グンカン SOS』の遊び方

　王様は2人（お助けマンになる学年以外で決めます）、お助けマンは低学年（例：4年生までなら1年生・6年生までなら1・2年生）、フリーマンは残りみんなです。
①広場に陣地を描きます（2部屋あれば部屋のなかでもできます。もちろん山のなかでも OK）。
②お互いの対戦は、タッチするとグンカンをして勝負します。
③陣地のなかにいる子にはタッチして勝負はできません。
④あとは、基本の遊び方と同じです。
⑤王様は、隠し王様となります。相手チームには、内緒です（お助けマンを助ける人を探すと王様を見つけやすいよ！　見つけたら仲間に知らせよう）。

お帰りグンカン SOS

　『グンカン SOS』をしていて、相手チームが負けこんで陣地内に入って出てこない！　ゲームが停滞してしまっておもしろくない！　ことがあります。そこで、異年齢で助けあい、つながることのおもしろさをもっと感じてほしい！　と願いを込めて改良した『グンカン SOS』です。『お帰りグンカン SOS』、読んで『お帰りグン S』です。

『お帰りグンカンSOS』の遊び方

　基本『グンカンSOS』と同じですが、陣地に相手チームが攻めより、動けなくなったとき
に活用するルールが入ります。

①下の図のように陣地内にいる仲間同士で、陣地内から各学年1名ずつ手をつないで伸ばす
　とタッチされても勝負はしなくてもいいです。ただし、手が離れて陣地とつながっていない
　ときは、グンカン勝負をします（学年全部でなくてもいいです。陣地内にいる学年や男女で少な
　い人数でもOKです）。

②陣地にいる仲間と手がつながって状態で相手チームのだれかに「お帰り！」と言ってタッチ
　すると、タッチされた相手チームの子はいったん自分の陣地に帰らなければなりません。

③男子と女子が仲よくなってほしい場合は、各学年男子・女子1人ずつまで手をつなぐこと
　ができる、としてもよいでしょう。

④異年齢が数人いれば、何本つくってもOKです。これは、陣地近くに相手チームの人たち
　を少しの時間いない状態をつくって、仲間を助けにいくチャンスをつくるためです。また、
　攻撃にいきやすくするためでもあります。

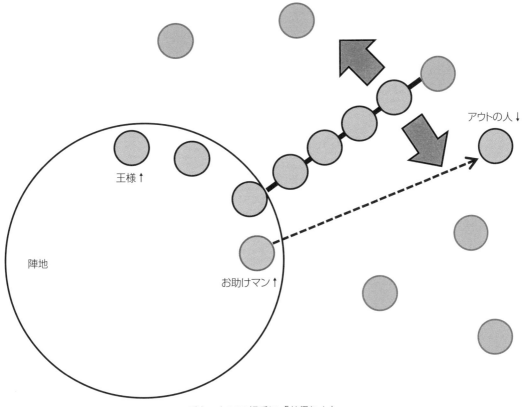

手をつないで相手に「お帰り！」

ケンケン SOS

　ケンケン相撲をチーム戦にした遊びです。異年齢で遊ぶと力の差もはっきりと出てくるので、その力の差を利用してかかわりが持てるようにしました。外のグラウンドでもできますが、ケンケンで戦うのであまり広いとしんどくてゲームになりません。異年齢で戦うこともあるので、差を埋めるために戦い方にもルールを入れました。コートは教室くらいの広さで十分です。なので、雨の日にたくさんの子が集まり、部屋のなかでの遊びとして人気のある遊びになりました。

『ケンケン SOS』の遊び方

　基本、王様とお助け方法、勝負のつけ方は『SOS 遊び』と同じです。

①ケンケンで陣地外に出て相手チームの人と倒しあいをします。両足を地面についたらアウトで、その場所に座って SOS を発信します。

②コート内のまんなかの島には、両チーム・両足を置いて休むこともできます（まんなかの島のとりあいをしてもかまいません。島から押し出されて両足をついたらアウトです）。

補足・留意点

・王様は、相手チームにわかるようにしておきます。
・基本的に1対1で戦います。
・同じ学年や下の学年と戦う場合は、安全のために両腕を組んでぶつかりあって戦います。
・上の学年と戦う場合は、異年齢の体力差を埋めるために両手を使ってもかまいません（1つ上の学年には片腕で、それ以上の場合は両腕で、としてもいいです）。
・陣地を出て、途中でケンケンの足を変えたらアウトです。陣地に戻ってから足を変えます。
・まんなかの島では、片足が島にある場合は、もう1つの片足が外に出ていてもアウトにはなりません（この島のとりあいが勝負を分けます）。

しっぽとり SOS

　しっぽとりゲームは、2チームにわかれてお互いのしっぽをとりあう遊びです。時間内にいくつのしっぽをとったかを競うゲームです。素早い子が有利で異年齢ではやはり低学年が不利です。なので、みんなが活躍できて協力しあう SOS ルールを入れて遊ぶと異年齢でも楽しめます。

『しっぽとり SOS』の遊び方

①相手のお尻にぶら下がっている「しっぽ（ヒモ）」をとりあいます。

②しっぽをとられた人は、その場に座って SOS を発信します。とられた人を助ける方法は、『SOS 遊び』と一緒です。

③とった相手チームのしっぽは、自陣地のしっぽ入れのカゴに入れます。

④とったしっぽは、助けるためにお助けマンと王様が運べます。アウトで座っている人のところまで運びわたします。

⑤しっぽを受けとった人は、一旦陣地に戻ってからゲームに復帰しなければなりません。

・しっぽは、見えなくしたり短くしてはいけません。ヒモの 2/3 は出てないと陣地からは出られません。

・しっぽをとりあう際に、相手を押さえつけたり、手を持ち動けないようにするのはダメです。

・しっぽが落ちていたら、どちらかのチームの人が拾って陣地に持ち帰ることができます。

・助けようとしてお助けマンや王様がしっぽを投げてわたすのも OK です。

チャンバラ SOS

チャンバラをチームで楽しく遊べるようにと SOS ルールを使って遊びました。チャンバラは、腕が長い方が有利で、力の差が極端に出る遊びです。でも、チームで協力すれば強い相手でも倒すことができます。そんな協力をいっぱいするなかで仲間の絆を深めたいものです。

勤務していた学童保育の近くに天王山があったので一日保育のなかで山に登り 2 つのピークを使って山とり合戦（天王山の合戦）もしました。昔、時代劇のチャンバラロケに使われた木津川の流れ橋に一輪車サイクリングでいったときにも、親子でしました（流れ橋決戦）。チャンバラの剣もお互いに気持ちよく遊べるように工夫をしました。

『チャンバラ SOS』の遊び方

①遊び方は『SOS遊び』と一緒です。対戦の仕方がチャンバラとなります。

②合図とともに陣地から出て好きな相手とチャンバラをします。切られるとアウトになり座ってSOSを発信して助けを待ちます。

補足・留意点

・身体を切られるとアウトになりますが、「剣を持っている腕」と「首から上」は切った方がアウトになります。

・剣を投げてはいけません。投げられてあたってもセーフです（剣が手から離れない工夫もあります。下記参照）。

・「お助けマン」や「王様」がアウトの人を助けるときに剣でタッチしてもOKです。

チャンバラの剣をつくってみよう！

対戦しても痛くなく安心して戦える剣。ゴミが出なくてどこでもできる剣。王様がわかるように色をつけたり、独自色のオリジナルの剣がつくれるよ！　振っていたら飛んでいっちゃったというのもありません。さあー！　つくってみよう！

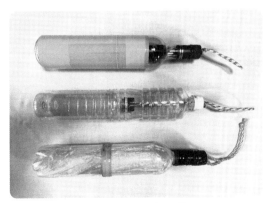

実際のチャンバラの剣

材料

・フタつきのペットボトル（2個）……炭酸飲料のペットボトルは底が固いので避けましょう！

・ポリプロピレンロープ（30cmほど2本）……よりが固い方がいいです。

・スズランテープ（ほしい色のもの）……フサをつくりペットボトルのなかに入れて剣に色をつけます。

・セロテープ……つながったペットボトルがズレないように張りつけます。

道具

・はさみ（1個）……ペットボトルを切ります。

・ドリルとドリルの歯（4～5mm）……ペットボトルのフタに穴を開けます。

つくり方

① 1つのペットボトルの底を切ります。

② ペットボトルのフタ2つともに穴を
あけます。

③ 穴をあけたら下記のようにフタと底を
切ったペットボトルにロープを通しま
す。そして、フタのところで結び目を
つくりヒモが抜けないようにします。

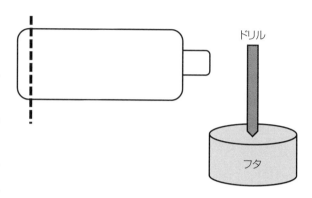

ドリル

フタ

剣のなかに色をつける場合は、スズランテープでペットボトルの長さのフサをつくり、それ
ぞれのロープの結び目のところにフサの部分を結びつけます。

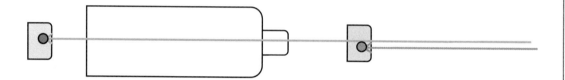

④ 左のフタには、底つきのペットボトルを、右のフタには、ロープを通した底なしのペットボ
トルをねじ込みつけます。

⑤ 2本のロープをしっかりと引っ張り、右のフタのところで結び、2つのペットボトルを密着
させます。

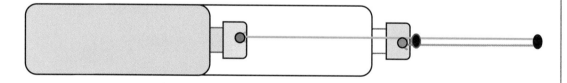

⑥ ペットボトルがつながったところをセロテープで固定します。右側のキャップのところから
ロープが二重になっています。これは手首を入れ剣が飛ばないためのものです。色をつける
ためにペットボトルのなかに入れたフサは、なかで広がるようにしっかりとさいておきま
しょう！

手が大きくてつくった剣の持つところが小さい人のために！

普通のペットボトルでは、フタのところが少し短いです。もう少し長いのがほしい場合は、
ワインが入っているペットボトルを手に入れてつくると持ちやすいです。ちなみに私もそれを
使っています。（四方）

どっかん

ライオン、トラ、コブラ
になって追いかけよう！
タッチされないように逃
げきろう！

　　この遊びは、今から20年以上前に私がクラブの指導員になったときに、子どもたちから教えてもらった遊びです。その当時子どもたちは毎日のように異年齢の仲間で『どっかん』をして楽しく遊んでいました。子どもたちは1時間も2時間も遊び続けられるので、この『どっかん』のどこに魅力があるのか最初わかりませんでしたが、一緒に遊んでみることでわかることがたくさんありました。役になりきり、たくさんの作戦を考えることや、だれでもお助けができることで仲間意識が生まれることなど、子どもたちにとって魅力ある遊びです。

遊び方

①2つのチームに分かれて遊びます。

②少し離れたところにそれぞれのチームの陣地を描きます。自分の陣地は安全地帯です。

③チームのなかでライオンを1人を決めて、ほかの子たちはトラかコブラになります。その役割は相手チームには秘密にします。

④ライオンはトラに勝ち、トラはコブラに勝ち、コブラはライオンに勝ちます。

⑤「どっか〜ん！」とみんなでかけ声をして、対戦はスタートします。まずは自分の正体を隠して、相手のチームの子にタッチしにいきます。タッチされたら、自分がなんなのかをお互いに言いあいます。強い方が勝ちで、負けた子は相手のチームの陣地に連れていかれます。勝った子は一度自分の陣地に戻り、対戦をすすめていきます。役割が同じで引き分けの場合も、お互いに一度自分の陣地に戻ります。

⑥何度かくり返すと、相手チームの子たちの役割がわかるようになってきて、「ライオンは、だれ？」と、相手チームのライオンを探るようになります。

⑦相手のチームの陣地にいるつかまった子は、自分のチームの子にタッチしてもらうと復活します。

⑧そのくり返しをして、コブラが相手チームのライオンにタッチしたら勝ちです。

補足・留意点

・相手チームの子にタッチされたら、必ずお互いに自分の役割を言いあいます。

・数人が相手チームにつかまると、つかまった子たちで手をつなぎ、一番内側にいる子の片足を残して陣地から出て、味方の助けを待ちます。一番外側にいる子が味方の子にタッチして

もらうと、つかまった子たち全員が復活し、自分の陣地に戻ると生き返り、また動きはじめます。

・できるだけ相手に、ライオンがだれなのかをばれないようにするのがポイントです。

・相手チームにだれがライオンかがばれているときはもちろんですが、ばれていなくても勝負どころではライオンが相手チームのトラにタッチしにいくことがあります。

・トラとコブラの人数は同じぐらいにする場合と、その割合をチームで作戦を立てて決める場合があります。

遊びのなかの子どもたち

この遊びは、作戦会議をしてだれが何役になるのかを決めるところからはじまります。そのときたとえば、走ることが苦手な子はトラになりたがったりします。足が速くてもトラになりたがる子もいます。ライオンにタッチして勝負に勝ちたい子は、コブラになりたがります。対戦がはじまると相手のチームの子にタッチしお互いの役割を言いあったあと、相手チームの子の役割がなんだったのかを味方チームの子に報告します。陣地に帰ってから報告する子や、お互いの役割を言いあったその場や相手陣地に連れていかれたその場から大きな声で報告する子

がいます。このようにして相手チームのだれがなんの役割なのかを味方チームの子たちに伝えることは、『どっかん』の対戦をすすめていくうえでとても大切です。相手チームの子が何役になっているのかを探りあうことがおもしろいのもこの遊びです。とくにライオンがだれなのかを相手のチームにばれないように対戦をすすめていくことは、このあそびの序盤・中盤戦あたりの醍醐味です。「まさか、この子がライオンだったなんて！」というときもあります。

　子どもたちが「自分はライオンじゃないよ」とお芝居するのもおもしろいです。とにかく相手チームの子にタッチしたり、されたりするなかで、「あの子はトラ！　あの子はコブラ！」とわかっていき、ライオンがだれなのかを推理してねらいにいきます。勝負どころではライオンが相手チームのトラにタッチしにいくことがあります。そして、ライオンにタッチしたコブラの子は、英雄になったように最後は盛り上がります！　一人ひとりの子どもに役割があり、1年生の子どもたちも上級生と一緒に楽しく遊べる集団遊びです。異年齢で楽しく遊べて、助けあうこともできる達成感のある合戦型の遊びでもあります。(鈴木)

雪合戦SOS

雪合戦＋陣とりゲーム。
雪玉がぶつかってアウト
になっても仲間に助けて
もらえば復活！

　　雪合戦は、雪玉を投げるのが得意な子にとってはおもしろいのですが、投げるのが苦手、あたるのがいや、こわい、という子には、やりたくないあそびです。あてあいだけすると、学年の高い男子が有利です。1年生の女子も参加したいと思える雪合戦を考えました。

場所や用意するもの

・ポール2本。材質が固いと危ないのでやわらかいもの。ぶつかってもケガしないもの。
・ホームセンターでパイプを保護するスポンジパイプカバーを1mにカット。

遊び方

①2チームに分かれます。各チーム山をつくって陣地とします。山の上にポールを1本立てます。先に相手チームのポールをとった方が勝ちです。
②お助け隊（雪玉をつくる人。投げることはできない）はチームに1～2人。やりたい子がいなければ、お助け隊はいなくてもOKです。
　・雪玉にあたったらアウト。
　・アウトになったら、その場に座って仲間にSOSを出す。仲間にタッチしてもらうと生き返る。
　・首から上はあたってもセーフ、服はかすってもアウト。
　・お助け隊は玉にあたってもセーフ。あてた人がアウト。

補足、留意点

・日によって雪の状態が違い、サラサラで雪玉をつくりにくかったり、重たすぎる雪だと玉にしやすいが、あたると痛かったりします。
・人数は1チーム7～8人で、多いほうがおもしろいです。
・お助け隊をつくっても参加したがらない子もいますが、無理に参加させないように心がけています。参加せずに雪合戦を見ている子もいます。様子を見ながら、誘ってみると参加する子もいます。

遊びのなかの子どもたち

　子どもたちが帰ってきて、数人そろったら「今日は雪合戦しよう！」と声をかけます。「やだ～」と言う1年生女子に「今日は特別ルール！　お助け隊をつくります！」と伝え、先に子どもたちにルール説明をします。アウト・セーフの境目などもめそうなことは事前に決めておきます。たとえば「服にあたってもアウト」と言うと、「帽子は？」「かすったら？」と具体的に質問が出ます。できるだけ一緒に確認しておくとトラブルが少なくすみます。

　公園につくとやる！　と言っていた1年生女子2人のうちの1人がほかのことをしたくなって「やっぱりやめる～」。もう1人も「じゃ、私もやめる～」。すると、4年生の男子が「なんでだよ！　やれ！　人数少ないとおもしろくないんだ！」と。1年生女子は仕方なくお助け隊で参加しました。チーム分けは、同じ学年の子同士でじゃんけんをして勝ちチームと負けチームに分かれます。

　3回目くらいから、1年生女子2人も「お助け隊やめて参加する」と言って、みんなと同じように参加するようになりました。チーム内で作戦を考えます。単独で攻めるとアウトになって、助けにいくと、助けにいった人もあてられてアウトになってしまいます。2～3人でまとまって攻めて1人がアウトになったら、近くにいる仲間がすぐにタッチして生き返らせることができます。ポールを立てる場所もとりにくくするために、雪をふかふかのところに立てるなど工夫します。回数を重ねていくうちに遊びも変化していきました。（金子）

雪上棒とり

　夏休みを終えて、みんなであそべるようになってきた秋にはＳ陣（Ｓケン）で盛り上がります。その後、冬を迎えて雪が積もっても雪の上でもできるＳ陣のようなあそびができないかと考えました。雪の上では投げ飛ばされても、転んでも、それほど痛くありません。陣地に山をつくるときにも、チーム内で知恵を出しあい、協力してつくるのもポイントです。

場所や用意するもの

・ポール６本（入口目印用各２本と得点用各１本）。ポールの材質が固いと危ないのでやわらかいもの。ぶつかってもケガしないもの。
・ホームセンターでパイプを保護するスポンジパイプカバーを1mにカット。
・陣地の雪山をつくるときに使うスノーダンプ、スコップ。

遊び方

①２チームに分かれて、それぞれの陣地に山をつくり、ポールを立てます。
②相手チームのポールをとりにいきます。また、相手を押したり引っ張ったりして、ポールをとりにいこうとする人のじゃまをします。
　・自分のチームのポールはふれてはいけません。
　・たたいたり、蹴ったり、雪玉をぶつけてはいけません。
③相手チームのポールを先にとった方が勝ちです。

遊びのなかの子どもたち

　「今日は棒とりやろう！」と子どもたちに声をかけます。「２チームに分かれて、山をつくって、ポールを立てて、先に相手チームの棒をとったほうが勝ち！」というシンプルな説明でも、子どもたちはイメージできる様子でした。
　遊びの準備として山をつくるところからはじめますが、これが意外と大変です。大人がスノーダンプでひたすら雪を運んで積み上げていって、子どもたちが固めます。最初は「自分たちの陣地は自分たちでつくる」と言ってつくりはじめ、「相手が登りにくいように、ポールをとりにくいように」と考えて山をつくっていました。山づくりに時間がかかって、ほかのこと

をやりだす子がたくさん出たために、結局1日目は山づくりだけで終わってしまいました。2日目、前日の続きをすると言って女子3人で山づくりを再開して、女子の山ができあがったころにようやく男子が登場！　女子の山を見て、「よし！　俺らもつくるぞ！」と言ってつくりはじめました。ようやく2つの陣地の山ができて、棒とりがスタートできました。

　「男子3人＋大人1人」vs「女子3人＋大人1人」。それぞれ自分の陣地の山の上からスタートです。陣地には入口になる目印のポールが2本立ててあり、相手の陣地に入るときは入口からしか入れません。それぞれのチームの大人が陣地を守っていましたが、子どもはなかなか山に登れません。勝負がつくまでに時間がかかり、陣地の入口をなくし、どこからでも棒をとってもいいというルールに変更しました。途端に守りが難しくなります。2人がかりで攻められると、すぐにとられてしまいます。陣地の山の広さや高さも考えて変えていきました。最初は自分たちの陣地として山をつくっていましたが、「陣地変えしてやってみたい」と意見が出て、陣地を交換してやってみました。「3回対戦して勝負がつくと陣地変え」というルールが子どもたちのなかでできました。（金子）

王様姫様ドッジ

「王様ドッジ」の拡大版！ それぞれの特殊能力を発揮して、仲間と力をあわせて楽しもう！

　　低・中学年が毎日遊んでいた遊びに飽きてきていたのですが、5年生たちがやろうとしているドッジボールには力の差があり過ぎて入りそうにありませんでした。指導員としては「せっかくだからこのタイミングでみんなで一緒に遊ぶようになってほしい」……と思い、異年齢の子どもたちが、力の差があったとしてもお互いの「力」を生かしつつ、「力のなさ」も生かしつつ、「勝ち－負け」だけにとらわれないで仲間と一緒にもっと楽しめる遊びはないかと考えてつくった遊びです。

遊び方

①コートやチーム分けは通常のドッジボールと同じです。

②チームで話しあって以下の役を決めます。

　・「王様」……あたったらそのチームが負け。

　・「姫様」……男女どちらでもなれる。相手のボールをキャッチしたら味方を1人復活させることができる。

　・「魔女」……男女どちらでもなれる。自分をあてた「相手チームの人」が呪いでアウトになる（で、外野にいく）。自分は相手チームの「魔女」にあてられないかぎりアウトになることはない。「魔女」が「魔女」をあてたときだけ「共倒れ」になってアウトになる。

　・「エリザベス」……女子限定の最強の女王。エリザベスが投げたボールに少しでもふれた人は外野いき（キャッチしても外野いき）。ただし、エリザベスは2回連続でボールを投げてはいけない。

③相手チームに役は伝えずに秘密にします。「役」はもっと増やしても減らしてもかまいません。子どもたちは途中から「忍者（あたっても「空蝉の術」で1回はセーフ）」という役などを増やしていました。

④両方のチームとも、役割が決まったら開始です。

遊びのなかの子どもたち

　　子どもたちはチームが決まると、まずは地面に座り込んで相手にバレないようにこそこそと話しあって役割を決めます。相手に絶対にバレるわけにはいかないのです。

　　役割が決まって試合がはじまると、ボールを投げずにお互い様子をうかがいます。「自分にあてた相手を倒せる」というチート能力を持った「魔女」をあてるわけにはいかないからで

す。「魔女」役の子は、最初は逃げる演技をしながら「ここぞ！」というときにわざと相手が
投げたボールにあたりにいきます。相手チームにバレたあとは、もうボールを持った相手のす
ぐ近くまでいってなにがなんでもあたろうとします。相手チームに「じゃま！」と言われなが
らうれしそうにします。この遊びでは、相手にとっての「じゃまもの」が、味方チームの役に
立って「正当化」されるのです（なので、普段の生活で「じゃま」と言われてしまうような子に
とって、いい遊びです）。

　また、「エリザベス」役の子も、最初はバレないようにします。ある試合では、4 年生女子
が投げた球をとってドヤ顔をして投げ返そうとした私に、5 年生男子が「エリザベスやけん！
なべ死亡！」と言われました。まさに「してやったり！」という表情。そんな「エリザベス」
役の子は、もはやその子の名前ではなくて「エリザベス」と呼ばれていました（笑）。「エリザ
ベス」はそんなふうに、仲間からあがめられる「女王」のようです。

　試合が終わったあとには、すぐにはじめるのではなく「まさか○○がエリザベスとは思わん
かった」「やっぱり○○が魔女やったろ！」「王様バレバレって（笑）」なんて、遊んだあとに
「感想」を言いあうのも楽しいものです。

　そうやって、仲間と一緒に「してやったり！」「まさか！」「やっぱり！」と、心をいっぱい
動かして楽しむことを大事にしたい遊びです。（鍋倉）

山道

登山の感覚で出会うとあ
いさつ。早く進んで遭難
者仲間を助けよう！　異
年齢で楽しくできるよ！

『ドン！　じゃんけん』の遊びをもっと楽しく、勝負もわかりやすく、助けあいも入り、ふれあいがいっぱいできる遊び『山道』だよ。学童クラブのなかでは、仲間づくりを目指して下記のようにアレンジして遊んでいます。

山登りのなかですれ違った人たちとは、「こんにちは！」とあいさつをして、同じ自然を楽しむ仲間として交流を深めます。クラブの『山道』あそびも山登りのようにあいさつをし、自己紹介をして名前を覚えあい、そして、親睦を深めるあそびにしました（入所式を終え、新たな仲間の名前を覚える遊びとして4月によくする遊びです）。じゃんけんまたは、グンカンのみのあそびなので単純で年の差・体力の差関係なく楽しめます。親子交流ゲームにも使えるね。

基本の遊び方

①地面に陣地2つとクネクネ道を1本描きます。

②2つのチームに分かれて、それぞれでスタートする順番を決めます。

③「よーい、ドン！」で1番目の人がスタートします。

④走っていき、ぶつかったら互いに自己紹介をします（しないでじゃんけんをしようとするとアウトになり、進行方向に向かって右横に座ります）。

⑤自己紹介をするとじゃんけんをします。勝った場合は、そのまま相手陣地の方に走り次の人と勝負します。負けた場合は、その場の進行方向に向かって右横に座り助けを待ちます。

⑥負けた人は、味方が勝ち進んできてタッチされると生き返ります。陣地に戻って後ろに並んで自分の番を待ちます。

⑦味方にタッチされずに通過されると、そのまま次にタッチされるまでその場で待ちます（走者がタッチしそこなって通過した場合、逆戻りしてタッチはできません）。

⑧味方の人が負けると次の人が山道を登り、相手チームの人とぶつかり、勝負をしていきます。

⑨相手の陣地につくとアウトの味方全員を復活させられます。その後スタート地点に戻ります。

⑩相手を全滅させると勝ちです。時間で区切るときは、アウトの人数で勝敗を決めます。

補足・留意点

　　人数が多いときは、2～3か所でする方法もあるけれど、それぞれの交流ができません。全体で楽しむときにいいやり方だよ！　1チーム16人～20人でも順番が早く回り、チームが一体になれるよ。

『山道が二本』の遊び方

①はじめは、2列に分かれて並びスタートします。

②ゲームが進行すると、どちらかの道でアウトの人が多くなります。どちらの道にいったら多く助けられるのかを考え好きな方の道を選ぶことができます。チームプレイが楽しめます。

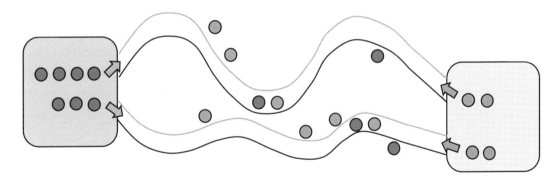

『山道分かれ道』の遊び方

①分かれ道があるので、助けにいくときに分かれ道でフェイントをかけて助けにいったりできます。分かれ道で両チームが別々の道に分かれていくと相手と出会うことのないまま自陣地に相手が到達して全員を助けられてしまいます。それを阻止するために次の人がスタートして助けられないようにする必要があります。うかうかとできません。普通の山道よりスリルがあります。

②分かれ道があるので、道が合流したところで、相手が2人になるときもあります。この2人

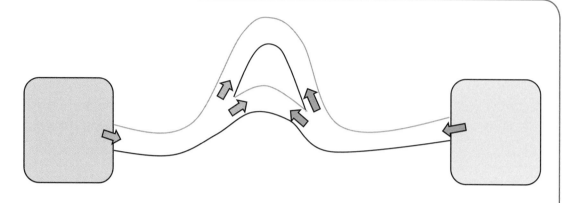

を倒さなければ味方を助けることができず、うかうかできなくておもしろい遊び方です。

『山道　三山』の遊び方

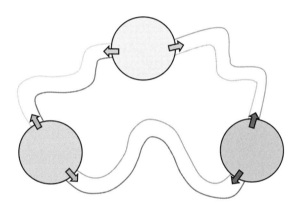

①3チームで戦います。どこのチームが
　生き残れるかな？
②高度なリーダーシップがいるよ！
③チームのかけ引きがあるよ！　ほかにも
　いろんなアレンジができるね。

遊びのなかの子どもたち

　毎年、4月になると遊びながらつながりを早く深めるために遊びゲーム大会を班対抗でよくします（『グンカンカードとりゲーム』『王様と旅人』など）。『山道』は、新入生を迎えての大会遊びの一つになりました。コースを班の半分の数だけつくると、一斉にできるので待ちません。対戦相手も1回ごとにすぐに移動できるのでやりやすい大会です。大人数の学童保育では、新1年生の名前を覚えるのも大変です。放っておいたら名前を知らないまま卒所もありえます。

　なので、この大会のときは、「○○さん、こんにちは！」というように、出会ったときに自己紹介でなく相手の名前を言って覚えるようにしました。名前を言えなかったときはアウトで座り、助けを待つことになります。自分の出番がきそうなときに覚えてない子の名前を前もって班のメンバーから聞いておくこともできます（1年生は上級生の名前を言えなくてもOKです。そのときには、上級生に自己紹介をしてもらいます）。このゲーム大会を終えるころには、みんなの名前を覚えてしまいます。名前を知ることで、関係性は一歩大きく前進します。普段の遊びにも要求にそってすんなりと入れるようになりました。（四方）

お隣さんの置き土産

足の速さは関係ないオニごっこ。アウトもすぐ復帰、人数が増えても交代システムででき、安心だ！

　子どもたちは、オニごっこが大好きです。しかし、足の速さがものをいうので、足の遅い子は、苦手になってしまいます。異年齢だと当然低学年はすぐにつかまってしまいおもしろくありません。そこで、みんなが楽しめるオニごっこはないのかな？　と考えたオニごっこが『お隣さんの置き土産』です（定年退職時にOB・OGたちが実行委員会をつくり、現役から1期生まで集まって還暦祝いと退職祝いをしてくれました。そのときになにかプレゼントできないかと考えてつくった遊びです）。人との関係を垣間見える遊び方です。ありがたいお土産をお世話になった人にわたす。遠慮深い人がそのお土産を遠慮する。そんなお互いに思いやるあそびだよ！　楽しんでね。

場所や用意するもの

・陣地に家を描き、テーブルのかわりになる目印を置きます（ダンボールの箱など）。
・「復帰タッチ」になりそうなものを、木でも人でもベースでもいいので置きます。
・家のなかに相手に届けるお土産を置きます。
・コートは、参加の学齢を見て奥行きと幅を考えますが、おおよそ横40m、縦25m程度です

『お隣さんの置き土産』のコート

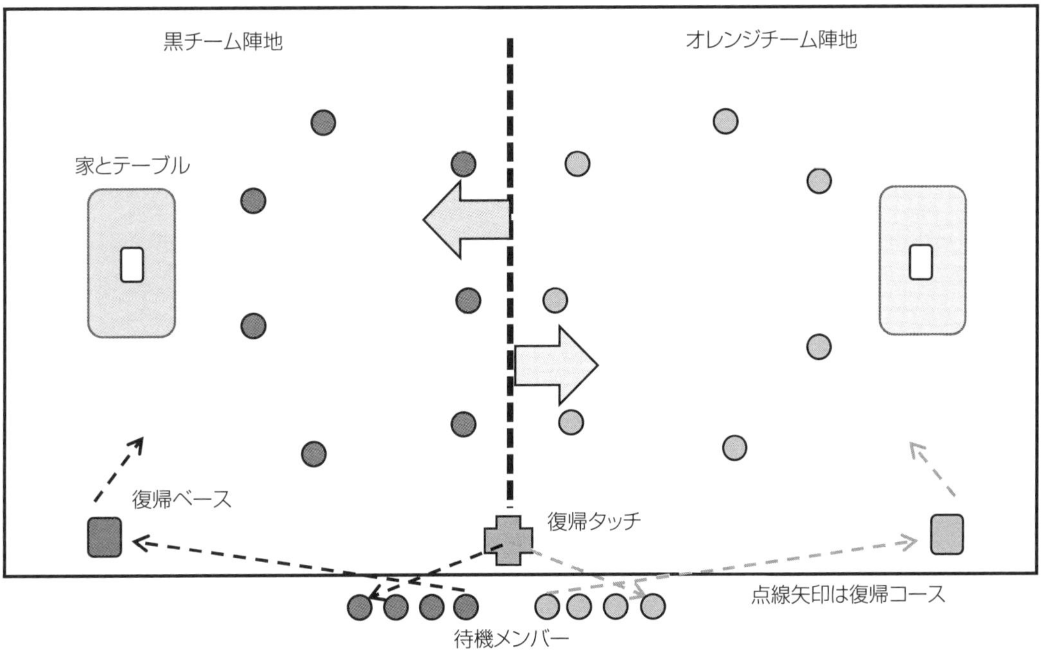

黒チーム陣地　　　　　　　　　　　　　オレンジチーム陣地
家とテーブル
復帰ベース
復帰タッチ
点線矢印は復帰コース
待機メンバー

（あそびながらその集団の最適な広さを考えましょう）。

お土産

　1チームに1ポイントのお土産を7個、2ポイントのお土産を2個つくります（なにでつくってもいいですが、2色でチームのお土産がわかるようにしましょう）。

しかやんは、こんなお土産をつくったよ！

　激しく動くので、壊れにくく・やわらかく・持ちやすいお土産にこだわりました。軍手を染めて2チーム分をつくりました（軍手は安いので……）。

・2ポイントの軍手は、指を2本だけ出しておいて残りの指はなかに入れ込みふさぎました。

・1ポイントの軍手は、指を全部入れ込んで、出ないようにぬい込みました。

軍手でつくったお土産

遊び方

①2チームに分かれ、自陣地側に入ります。1チームが7人より多い場合、陣地に入れるのは7人までです。残りの子どもは待機メンバーになってコートの外に並びます（人数が多いと攻めにくくなってゲームが成り立たなくなるからです）。

②7人各自がお土産を1つずつ持ちます。お土産を持ったら、合図とともにゲームがはじまります。

③相手陣地に入ってタッチされると復帰タッチにタッチをし、待機メンバーの1番目の人にお土産をわたして交代します。交代した人は、復帰ベースを踏んでゲームに参加します。タッチされた人は待機メンバーの一番後ろに並びます。

④相手チームの人にタッチされずに相手の家に入ればお土産を置くことができます（お土産を置くのに成功した人は、我が家に帰ってお土産を再び持ってゲームに参加します）。

⑤どちらかのチームが、お土産を4ポイント置いたらゲームが決着します（例：1ポイントを4つ。1ポイントを2つと2ポイントを1つ。2ポイントを2つなど）。

補足・留意点

・2ポイントのお土産は、持っている人を公表して相手を釣る作戦をしてもいいし、わからないように置きにいってもいいです。作戦を立てて決めましょう。

・家の大きさは、守りと攻撃が勢いよく走ってくるので、交差してぶつかりあわないように少し大きめに描いてください。大きすぎると守りにくくなるので考えましょう。

遊びのなかの子どもたち

　味方の動きを見てカバーしたり、相手の隙間を見て入り込んだり、相手を釣り、隙間をつくり味方が置きやすいようにしたり、守りが少なくなると攻撃より守り重視に入ったり……と、全体を見ながら動かないと自分のチームのお土産を置けないうえに、相手チームにもお土産を置かれてしまいます。ゲームが動き出すと激しく展開をするので、とってもおもしろいよ！

　お土産を置いたり置かれたりして点数が動くと動き方が変わったり、たくさんの子が一度に相手陣地にお土産を置きにいくと、タッチされて復帰タッチに向かうので、守りが薄くなったりするなど、ゲーム状況が刻一刻と変化していきます。そんななかで、いつお土産を置くか置かれるか……スリル満点のゲームなので子どもたちの目がランランとしてきました。

　それと同時に、参加しているなかで必然的に情報を言いあったり作戦を練ったりと仲間の輪が広がり、助けあう姿が多く見られるようになりました。（四方）

でっかい太陽

太陽のまわりをぐるぐる
回ろう！　炎から出ない
ように相手を押し出せ！

　子どもたちに紹介しているときに、図を見た瞬間に「あっ！　でっかい太陽や！」と言った子がいたので、『でっかい太陽』と名づけました。子どもたちに人気のあそび（『NEW コブ S』p.146）は、身体のぶつかりあいがあるなど、激しい遊びなので1年生が慣れるように練習の意味も込めてやりはじめたあそびです。

　単純なあそびなので、とっつきやすいよ！　もちろん、1年生たち低学年もがんばろう！　勝負に貢献できた！　上級生にほめられた！　などもある遊びです。アウトになっても、復帰できるチャンスもあるので、最後まで楽しめるよ！

遊び方

①でっかい太陽のまわりの炎を1周しながら仲間を助ける遊びです。左回りで進みます。

②守りと攻めの2チームに分かれ、守りと攻めを交代して、時間内でのアウトの人数で勝負します。1試合15分程度です。

③攻めが炎から出たり、太陽のなかに入るとアウトになります。守りは、押すか引っ張ることしかできません。跳んで体あたりは、反則です。

④攻めの人がアウトになると、アウトになった順番で「アウト助けゾーン」に並びます。

『でっかい太陽』のコート

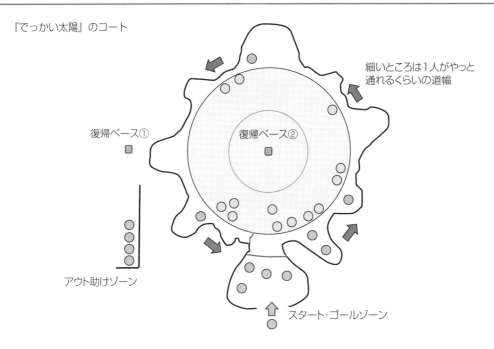

細いところは1人がやっと
通れるくらいの道幅

復帰ベース①

復帰ベース②

アウト助けゾーン

スタート・ゴールゾーン

⑤攻めの人が1周してゴールしたら、アウトの人を助けることができ、スタートから再び開始です。助けられる人数は以下のようにしてみるといいでしょう（参加する子どもたちにあわせて変更してもOKです）。

・2年生以上が1周すると1人助けられ、1年生が1周すると2人助けられる。

⑥攻めの人は、時間内に一度は、スタートラインをきらないといけません。きらないとアウトとしてカウントされます。

⑦守りの人が太陽から出されたら、復帰ベース①と太陽のなかの②を踏んでから復帰します。

⑧復帰ベース①にいくときは安全のために炎の外側をまわって踏み、そして②にいきます（安全のためもありますが、少しの時間守りを手薄にする効果もねらっています）。

遊びのなかの子どもたち

　身体をぶつけあってする遊びの入門編です。攻めの人は一定方向に回るためわかりやすく、入所したての1年生も入りやすいです。上級生も1年生が通りやすいように余裕をもってサポートする姿が見られました。やっとこさ1周した1年生に2人の上級生から「ありがとう」の言葉にうれしそうな顔でホッとしています。身体をぶつけあうスリルと楽しさを体感して『NEWコブS』への抵抗もなくなっていきました。

　子どもたちは、ややのんびりとぶつかりあいを求めるときは、『でっかい太陽』をしよう！と、ぶつかりあいに燃えたいときは『NEWコブS』をしようと選んでいます。（四方）

NEWコブS

　Ｓケンもやり方がいろいろあり、かなりハードなあそびです。だからこそおもしろいのです。異年齢で遊ぶときは、配慮もいります。配慮が前面に出てしまうと力のある子はおもしろ味が半減！　でも、配慮が勝負を左右するのであれば、おもしろくなって配慮する力もついてきます。やさしくなれます。それで考えたＳケンが『NEW コブS』です。異年齢がいても楽しめるＳケンです。

　Ｓケンでは、早くアウトになった子は、つまらなくなってしまいます。そこで、狭い道を抜けやすいようにコブをつけ、すこしずつ進めるようにしました。また、普通のＳケンは、狭い道を抜けてからアウトの子をタッチして助けることができますが、なかなか助けてもらえずにイライラしていました。なので、アウトの子が待機する場所（牢屋）を近くにしました。低学年をお助けマンにし、低学年の存在を大きくしてゲームの勝敗の中心にして助けあえる場面をつくりました。『コブS』のなかでも助かった子が復帰するのに走って陣地に帰るときに狭い道を交差してぶつかることもありました。「走らないで復帰する」というルールを入れるべきとも考えましたが、復帰できたらうれしくて走ってしまうのがさがです。私は、若干危険なことがあっても「〜しない！」というルールは、あまりつくりたくなかったので、復帰ベースを使った復帰コースをつくりました。

　みんながおもしろく思いっきり遊べることを考えたら『Ｓケン』→『コブS』→『NEW コブS』と発展変化していきました。この遊びは王様はいませんが、『SOS 遊び』と一緒のお助けマンがいます。みんなでからみあってあそぼうね。

場所や用意するもの

・黒色の線のなかは、黒チームエリア。オレンジ色の線のなかは、オレンジチームエリア。
・点線の矢印は、味方に助けてもらって復帰する道筋だよ。プレーのじゃまにならない復帰の仕方だよ！
・低学年（１年生全員、２年生の女の子など）が「お助けマン」になり、アウトの人を復帰させることができる（高学年が１年生を守り、お助けコブに送り届けます）。

コートを描くときの注意事項
・道の幅は、１人がやっと通れるくらいにする。
・牢屋と角のコブは、手を伸ばせば届くくらいに離しておく。
・陣地から一つ目のコブは、跳んでも届かないくらい。遠すぎてもおもしろくありません。

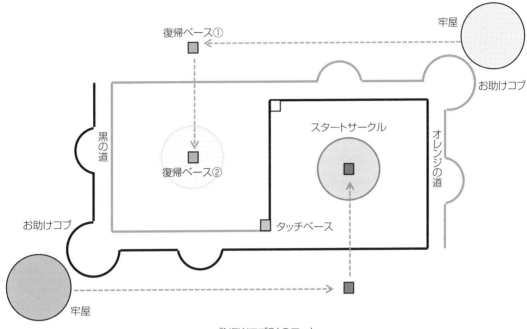

『NEWコブS』のコート

・コブとコブの間は、跳んでいけないくらいに離します。
・人数が多くてコートが広くなったときは、コブを増やします。
・あそびをおもしろくするのもつまらなくするのもコートの描き方にあります。コブにいけそうでいけないぎりぎりで描くことが必要です。指導員の力の見せどころです。

遊び方

①攻撃と守備が同時にスタートするために、全員スタートサークルのなかに片足を入れて用意をします。審判の「よーい、ドン！」ではじまります（フライングをした人は、サークル内のベースからスタートすることになります）。

②1人がやっと通れる幅の道を相手チームに出されずにコート外に通り抜けます（歩いても走ってもOK。途中のコブで休んでもいいよ！）。

③道を無事通りぬけコート外に出ると、ケンケンで相手陣地の道までいきます（ケンケンを失敗するとアウトだよ！　このとき、相手チームの子も出ていたら戦って、両足をつけたらアウトにできるよ）。

④相手陣地の道に入れば、歩いても走ってもいいです。相手の子とぶつかったら戦います。

⑤相手陣地に入りこみ、倒されずにタッチベースを踏んだら勝ちになります（相手陣地で倒されたり、押し出されたらアウトだよ！　ただし、自分の陣地で倒れた場合はアウトにならないよ！）。

アウトになるとき

・センターラインで引っ張りあって相手陣地に入った場合。

・通り道から出た場合。

・ケンケンする場所で両足をついたり倒れたりした場合。

・相手陣地に入ったあとに手を地面についたり、倒されたり、押し出されたとき（アウトになった人は、牢屋に入って「お助けマン」の助けを待ちます）。

・コートの外に無事出た場合、コート外からケンケンで相手チームのコート内の人を引っ張り出してもいいよ！（お

助けマンが、お助けコブにいる場合は、アウトにしやすいよ！）

復帰するとき

　自分の牢屋に入り、味方の「お助けマン」がお助けコブのところにたどりつき、タッチされたら復帰できる。ただし、復帰するときは復帰ベース①と②を踏んで復帰する（激しい動きをするので出会いがしらのぶつかりを防ぐためのルールです）。

遊びのなかの子どもたち

　『NEW コブ S』は、『島取合戦パートⅡ（p.158）』の要素をとり入れて改良しているので非常に似ています。ですから、子どもたちはこの遊びが大好きです。新年度になると２年生以上の子どもたちは、この遊びを少しでも早くやりたいようです（１年生が慣れるまでは若干危険度もあるので『NEW コブ S』は控えています。１年生が学童保育に慣れ、ぶつかりあいにも慣れてからの遊びになります）。１年生がぶつかりあう遊びに早く慣れるように、いろんな遊びを一緒にして仲間づくりに励むようになりました。

　真っ先に攻撃したい子は、スタートと同時に突き進んでいきます。道を突き抜けていくことに自信のない子は、協力して守り、それでも戦いたい子はセンターで引っ張りあい。お助けマンの１年生を最初のコブまで連れていこうと上級生が囲っていくなど、１つの遊びのなかに自分の力とレベルに応じてゲームができるので、男の子も女の子も上級生も下級生もみんな大好きな遊びです。

　攻めと守りが重要な遊びなので、攻めをやりたい子が多いと守りがおろそかになり負けてしまいます。攻めばかりしている子がいると話しあいになることも多々あります。自分やまわりの子の思いを知り、調整をとりあういい機会にもなっています。（四方）

みんなを切らない（排除しない）ルール

ルールって？

　集団で遊ぶと個々の感情が入ってくるのでいろんなトラブルが出てきます。一人ねらいや妨害・暴言・激しいぶつかりなどです。異年齢になるとさらに体力・技量・知識の差があるのでトラブルが増えます。反面、子ども集団の今の状態がよく見えてきます。トラブルを乗りきるためにルールをつくったり、遊びを変化させていきます。

　1人ねらいや妨害があったとき「1人ねらいをしない」「妨害をしない」など、安易にルールを入れていませんか？　そのルールを入れると子どもたちの本当の姿が見えにくくなってしまいます。

　あそびは、人間として生きていく力（身体能力・共生能力・創作能力・適応能力）を育ててくれるものです。いろんな感情が出て、みんなでわかりあうことのチャンスを奪っては、その力を育てるチャンスを奪うことになります。なので、ルールはゲームの進行や技能や力の差があってもみんなが楽しめるようにするためのもので、トラブルを抑えるものではないと思います。トラブルがあったらみんなで話しあって考えましょう！……わかりあえるあったかい仲間づくりのために！

　遊びを通して子どもたちを人間として育むことを忘れないようにしましょう！

こんなルールができたよ……

　ある学童クラブにいるときにこんなことがありました。夕方子どもたちと降所準備をしていると、下駄箱のところで3年生のTくんが泣いていました。「どうした？」と聞くと「このクラブの遊びは、おもしろくない！」と言ったのです。事情を聞くと、『サバイバルドッジ』をしていると4年生のMくんが「あててみろ！　あてたら殺すぞ！」と暴言を吐きまくったとのことでした（Mくんは、家庭が安定していなくて、暴言や暴力が多い子でした。いろいろ手立てをして乗りこえそうになると、夏休みなどの長期休みになり休んでしまう。学期がはじまるともとに戻る、をくり返していた子です）。

　私は、Tくんが「Mくんがいるとおもしろくない！」と言わず、「このクラブの遊びがおもしろくない！」と言ったことがうれしかったですし、救われました。おそらくこの遊びのなかに同学年の4年生たちもいたけれどだれも注意をしてくれなかったことも含めて、この発言が出たのでしょう。帰宅時間も迫っていたので「明日、みんなにクラブの遊びをおもしろくするために『遊び開発研究所』を開くことを提案しないか？」とTくんに言うと「わかった！」と帰っていきました（遊んでいたときにおもしろくない

ことを発見したときは、自称「遊び開発研究所」を立ち上げて子どもたちとあそびの工夫をしていました）。

　早々、次の日のみんなが集まるおやつの時間にTくんは事情を話し、「研究所を開きたい。参加したい人は、集まって！」と呼びかけました。1〜4年生の有志が集まり考えあいました。「どんなことをしたらおもしろくない？」を出しあうと、暴言以外もいっぱい出てきました。「じゃー！　そんなときは、どうしたらいい？」と聞くと、「遊びをやめてもらったらいい」と出たのです。「今、出しあったいやなことって、自分もしたことは、ないかな？」と聞くと、「したことある！」「となると、自分も遊びをやめることになるよな！　それでいいかな？」と聞くと「いやや！」「じゃー！　どうする？」「謝ってくれたら入っていいよ！　にしたら？」となりかけました。「今までいい加減に謝るってなかったかなー？　それでいいのかなー？」と聞くと「あったなー」「ダメだ！」「じゃー！　どうしたらいいのかな？」……「なんでしたか、言ったか、を話してくれたらOKにしたら？」と意見が出ました。

　その行為をしたときの思いを聞くことで、本人も気づくし、みんなも理解できる。変えていけるのでは！　となりました。「その行為をしたときは、一旦退場してもらい、自分のそのときの思いを言ったらすぐに復帰できる」ルールができました。その子を排除するのでなく、冷静に振り返ることができたらいつでも戻っておいで！　のルールです。研究所で「あったかルール」と名づけました。

　次の日に、Tくんからみんなに報告と提案をしたところ、Mくんも含め全員からそのルールの支持を得ました。この日からこのクラブの遊び全部に、この「あったかルール」が入るようになりました。広場の隅にベンチも設置しました。ときには、失敗してしまうときもあります。Mくんも素直に退場し、思いを言って復帰していました。こわくてMくんに思いを言えなかった子たちも言えるようになり、Mくん自身も排除されずに受け入れられる安心感で素直に思いを言えるようになってきました。思いを聞いてみんなで話し考えあうこともありました。このルールが入ってから、子どもたちは、仲間を切らない、あったかの意味を知ったようでした。

前向き思考のルール

　私は「〇〇しない！」があまり好きではありません。なにか閉塞感を感じてしまうからです。「〇〇しよう！」の方が好きです。開放感を感じて動きやすいからです。たとえば「廊下を走らない！」ではなく、「安全のために廊下を歩こう！」のようにです。ケガをすると「ここでは遊ばない！」というのもよくあります。「ここでは、ケガしやすいよ！　気をつけて遊ぼう！」ではどうでしょう？　いろんな障害を乗りこえてこそ成長があります。人間として生きていくために！

（四方　則行）

part
6

全員で

全員遊びのよさはわかっているけど、難しいからできないと思っていませんか？ 工夫次第でみんなが燃えて楽しめてクラブに活気があふれるよ！ 子どもたちにアイデアをもらって工夫して、クラブ独自の遊びをつくるのもいいね！ さあー！ ものは試し！ クラブのみんなで思いっきり遊んで楽しんでみよう！（紹介している遊びは少ないけれど、この part6 だけでなく part5 のなかにも『SOS』など全員で楽しめる遊びがいっぱいあるから、子どもたちと工夫して遊んでみてね！）

全員オニごっこ

　　大規模の学童保育（200人以上）でのオニごっこです。子どもたちが「全員であそびたい!!」と言ったのですが……大勢で遊べるあそびってなにがあるだろう？　そこで考えついたのは『全員オニごっこ』でした。運動場を全面使って遊びます。全員で遊ぶので、イベントのときや長期休み最後の日、6年生の卒会の最後の日などで遊び、子どもたちに「みんな仲間だよ！」を意識させて、団結できる遊びです。

遊び方

①オニを決めますが、大勢なのでわかりやすい方がよい。たとえば、「4年生」「5年生」「6年生」と学年にする、「指導員全員」がするなど。
②オニにタッチされたら待機する「待機場所」を決める。
③オニが決まったらそれ以外の子どもは逃げる。オニは「5・4・3・2・1！」とカウントダウンをしてからつかまえにいく。
④オニにタッチされたら、決められた場所（待機場所）にいき、待機します。
⑤最後の1人になったところで終了です。

補足・留意点

・「オニから見えないところにはいかない」など、「どこまで逃げていいのか」を最初に決めておく。
・オニがだれなのかビブスを着用してわかるようにする。

遊びのなかの子どもたち

　　大規模学童保育での全員あそびは、あそびによっては人数やルールなど限度がありますが、オニごっこだと人数関係なく遊べます。そして、オニになった子どもたちも団結し、逃げる子どもたちも団結します。
　　「5・4・3・2・1！」でスタートして子が一斉に逃げると、オニはそれぞれ子を追いかけ、タッチされた子は「待機場所」へいきます。タッチされた子どもたちは、まだつかまっていない子たちをみんなで応援し、最後の1人になったら全員で「○○がんばれ！　がんばれ！」と全員で拍手をし一致団結して応援しています。そして、最後の1人になった子には「がんばっ

たな〜」の思いを込めて全員で拍手します。そんな子どもたちのすてきな姿が見られるオニ
ごっこです。

　このオニごっこでは、走るのが得意な子も苦手な子も一緒に遊びます。そのなかで、まずは
足の速い目立つ子が先にねらわれてタッチされます。そのため静かに逃げている低学年の女の
子が最後まで残ることが多く、最後にタッチされた瞬間は感動でしめくくられることがあり、
「仲間」をみんなで感じることができます。普通のオニごっこですが、学年・男女関係なくみ
んなで遊べるので、子どもたちは『全員オニごっこ』が大好きです。200人以上の子どもたち
が全員で遊べるただ一つの遊びになっています。（鈴木）

全面ドッヂビー

　コロナ禍で全国一斉臨時休校が明けた2020年6月。自宅待機していた子どもも多く、久しぶりにみんなで集まることができました。すると、6年生が「みんなで遊びたい！」と言い出しました。「1年生のことがわからないから、一緒にあそびたい」「1年生にドッヂビー教えてあげたい」「とりあえず、みんなと身体を動かしたい」etc……と、「みんなで遊びたい」という思いを話していました。そこで、「じゃ、全員でドッヂビーしよう！」ということではじめたのが、体育館全体を使った『全面ドッヂビー』です。

場所や用意するもの

・ドッヂビーのディスク20枚ほど（やわらかいディスク）。新しいディスクに古くなったものを加えて準備しました。古いものの方がやわらかいのであたっても痛くないです。
・カラーコーン6個。
・体育館の全面を2コートに分けます。広いのでコートのコーナーにカラーコーンを置くとわかりやすいです。

遊び方

100～150名で遊んでいます。
①2チームに分かれます。
②各コートにディスクを10枚ずつわたして、試合開始！
③あてられると外野にいきます。
④外野から相手の内野をあてると、戻れます。
⑤相手を全滅させたほうが勝ち。

補足・留意点

・チーム分けについては、隣接分離のクラブ対抗戦が一番盛り上がっています。帰属意識につながっているのだと思います。ほかにも「かき氷食べたい人～vsアイスクリーム食べたい人～」や、誕生月で分けたりなど、偶然できるチームでは、そんなに強く勝ち負けにこだわらないので、また違った楽しみがあるようです。
・「高学年vs低学年」で対戦するときは、高学年のコートをひとまわり小さいものにします。

　低学年にとっては、高学年をあてられるチャンスも多く、高学年にとっては、かなりハードになるので、どちらも勝ち負けを楽しめています。

遊びのなかの子どもたち

　ディスクが四方八方から飛んできますが、布製なので、ドッジボールより怖くないようです。内野のなかで輪になって、相手の外野のだれがディスクを持っているか気づいた子たちが声をかけあっています。また、内野の輪のなかに自然と低学年の子が入っていて、高学年やキャッチしたい子が率先してまわりを固めて、低学年たちを守っています。

　外野を戻すために内野から外野に投げるのですが、外野から手をあげて内野でディスクを持っている子の名前を呼んで「こっちに投げてー」とアピールするので、体育館のなかはにぎやかです。呼ばれた子は全力で仲間に投げるのでかっこいい！

　余談ですが、この『全面ドッヂビー』は４か月続きました。それはコロナ禍という特殊な状況だったからではないかと思っています。最初はチームのために勝ちにこだわって楽しんでいたはずなのに、キャッチして投げてあててを繰り返す「個人プレー」を楽しむようになっていきました。「みんなで遊びたい」という子どもたちの思いからはじまった遊びです。でも、裏を返せば、自粛生活を送っていた子どもたちが、自分で居場所を求めなくても楽しめる場所になっていたのかもしれません。子どもたちのつながりが希薄になっていることも感じ、指導員で話しあって、しばらく体育館の使用をやめてみることにしました。その後、『全面ドッヂビー』は長期休みだけのお楽しみの一つになっています。（重木）

ビッグだぜ！　花いちもんめ

一人ぼっちにならない！
同じ境遇の仲間と一緒に
勝負ができるから楽しく
遊べるよ！

　昔からの遊びに『花いちもんめ』があります。ほのぼのとした遊びの反面、名前を呼ば
れなくてさびしい思いをした子もいて、結構傷つくことも！　そんな遊びを、仲間といる
ことでやわらげたり、仲間を知ることができたり、みんなのまとまりができるようにとア
レンジしてみました。学童保育の運動会で全員（150人）でして大盛り上がりになったこ
ともあります。ポーズでじゃんけんする『キツネケン』と『花いちもんめ』の歌を覚える
必要があります。また、キツネケンを覚えるといろんなゲームにも使えるよ！　さあ〜！
遊びながら仲間を知ろうよ！

遊び方

①全体を２つのチームに分けます。どの「シリーズ」で遊ぶのかをはじめに決めておきます
　（下記参照。複数シリーズでも OK）。
②みんなで手をつなぎ、『花いちもんめ』の歌を歌いながらゲームをはじめます。
③「○○もとめて　花いちもんめ！」の○○のところでは、子どもの個人名は呼びません。
　例：誕生日月シリーズ……「○月生まれがほしい！」。学年シリーズ……「○年生がほし
　　　い！」。町内シリーズ……「○町の人がほしい！」。好きなものシリーズ……「○○が好
　　　きな子がほしい！」などを決めて、それにあてはまった子。
④求められた人たち全員が両チームの前に出て、『キツネケン』をします。

⑤負けたら呼ばれた人全員が相手チームにいきます。

⑥２回目からは『花いちもんめ』の歌は２番を歌います。

⑦数回するとチームに「〇月生まれの人」がいない場合があります。そんなとき、「いない人たちをほしい」と言った場合は「負け」になります。

⑧パターンが少ないシリーズですると意外に早く決着がついたりします。

花いちもんめの歌

1：☆ふるさともとめて　花いちもんめ （2：☆勝ってうれしい　花いちもんめ） 　　　　★タンスながもち　どの子がほしい 　　　　（★負けてくやしい　花いちもんめ） ☆あの子が　ほしい 　　　　　★あの子じゃ　わからん	☆そうだんしよ！ 　　　　　　　　　　★そうしよう！ 　　　　（相談して決める） ☆〇〇もとめて　花いちもんめ 　　　　★〇〇もとめて　花いちもんめ

キツネケンの仕方

①グループで３つのポーズのなにをするのかを決める。

②「せーのーで！」でグループみんなで大きな声とともにそのポーズを出します。

③グループで１人でも違うのを出すと勝っていても負けになります。

④みんながまちがえなかったら、強い方のポーズを出した方が勝ちとなります。

遊びのなかの子どもたち

　この遊びは常に仲間がいます。呼ばれても呼ばれなくても、個人で落ち込むことはありません。気が弱くおとなしい子も仲間に囲まれて安心してゲームを楽しんでいました。「あっ！お前も同じ誕生日か！」など、関係がやや薄い子にも親近感がわき、つながりはじめた子もいます。なんと言っても、大きな集団でリーダーになりきれなかった子も、呼ばれた小さな集団のなかでリーダー力を発揮しやすいので、率先して動く子が増えてきました。

　また、『キツネケン』をするときに１人でもまちがいを出すと負けになるので、１人ももらさないというまとまりが出てきました。『キツネケン』は、出したポーズの擬音をみんなが大きな声で言わなければいけません。グループで決めたポーズを全員が出しているか発見するためです。そのため、みんながあそびのなかで声を出すことに慣れて、ほかの遊びでも雰囲気がとてもよくなってきました。（四方）

幻になった！　伝説の究極あそび！
島取合戦パートII

「すべての子が常にゲームにかかわれ、異年齢全員が楽しめる」これぞみんな遊びの神髄なのだ！

　いま私が「一番楽しく心に残っているあそびは？」と聞かれたら、即座に『島取合戦パートII』と答えます。クラブの1期生は、もう50代半ばです。どの年代のOB・OGたちと会うたびに『島取合戦パートII』の思い出話になり、「最高におもしろかった」と言います。卒所して中学生になっても冬場になったらやってきて一緒に遊んだものです（毎年、激しく汗をかくので冬にしていました）。1年生から6年生・指導員全員で激しく楽しく遊んでいました。

　「勝負が短時間でつくため、勝ち負けがあるけどきりかえがすぐにでき、挽回できる」「すべての子たちが常にゲームにかかわることができ、異年齢全員が楽しめる」「動きが激しくトラブルも多く起こるが、発散しているので話しあいですぐに解決できる」「スリルと緊張があり終わったあとは、スッキリして帰れる」「自分のかかわりが勝負に影響を与えていることがどの子にもはっきりとわかり一体感を感じる」「毎回ヒーローが現れる」「毎回天守閣の攻防で全員が集中して一体感がある」「タイヤの上での攻防なので、低学年も束になって挑むと上級生に勝てる」

など、あそびの心をくすぐる要素がほとんど含まれた遊びでした。

　このクラブが数年前に小学校に移転したので、残念ながら運動場に自由気ままに島取合戦をするための大きなタイヤを設置できなくなり……幻の遊びになってしまいました。これほど子どもたちの心をつかんだ遊びもほかにないので、遊びを変化させる、つくる参考に紹介しますね。

場所や用意するもの

　このクラブの1期生が6年生のときにつくったあそびです。子どもたちは、130人くらいいました。

・図の灰色とオレンジ色のところに、タイヤの数はそろえて、ランダムに並べていきます（トラックのタイヤ40本・普通車のタイヤ40本くらい）。
・一本道には、普通車の小さいタイヤをつなげて並べます。
・天守閣には、トラックのタイヤを1本置きます。
・天守閣と一本道のところの最前列にはトラックのタイヤをつなげて並べて置きます。攻防がしやすいようにします。
・牢屋のところも囲むようにタイヤを並べます。
・復帰タイヤは、トラックのタイヤにします。

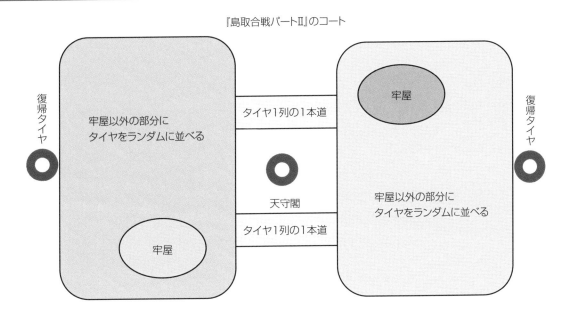

『島取合戦パートⅡ』のコート

遊び方

①２チームに分かれて陣地の好きなタイヤのなかか横に立ちます。

②「せーのーで！　えい！　えい！　おー！」の合図でタイヤに跳び乗ってスタートします。

③タイヤの上をかけ回って落としあいをします。

④タイヤから落ちたら相手陣地の牢屋に入り助けを待ちます。

⑤お助けマンは１年生全員で、味方の１年生にタッチされると生き返り、自陣地の復帰タイヤから復帰できます（お助けマンは、１年生全員と２年生の女の子全員のときもあります）。

⑥一本道と天守閣からしか相手陣地に入れないので、ここの攻防が勝負を分けます。いかに牢屋のところに早く１年生を送り込み味方を助けて戦力を絶やさないかが勝負です。

⑦全員をタイヤから落とし牢屋に入れたら勝ちになります。

補足・留意点

突き飛ばしは、危険防止のために反則です。タイヤの上で組んで勝負していきます。

島取合戦パートⅡができた流れ

　幻になった『島取合戦パートⅡ』をなぜ紹介するの？　現代ではタイヤがないのでほとんどできない！　と思われるでしょうね。たしかにそうです。でも、一足飛びに『島取合戦パートⅡ』ができたのではないのです。子どもたちの思いつきから生まれて、みんなが楽しめること

を大切に子どもたちと考えていくなかでできあがった遊びなのです。その流れを知ってもらい、遊びをつくるきっかけになったらいいなと思います。

① 『島取』のスタート……個人戦

　6年生のクラス遊びを学童クラブの広場でしたいとクラブの6年生から要求があり、OKを出す。

　クラブにあった数十個のタイヤで生き残り戦（個人）の落としあいをはじめだす。クラス遊びが終わったあとにもクラブの子どもたちがその遊びを延々と続けていました。6年生中心の遊びになってしまいそうな気配でした。最終的に6年生が残ってしまう遊びになり、遊ぶ子が少しずつ減っていく始末でした。

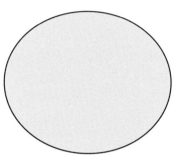

一本道も牢屋もない島取のコート

② 『島取合戦』のスタート……チーム戦（仲間との協力）への変化

　個人戦だったので勝ち残る子が定まり、参加する人も減りました。元気な子にとっては楽しいあそびです。ただタイヤを並べて遊ぶので広場を占領してしまいます。ならば、やめるのではなくみんなが楽しめるように『島取』を改良しようと前向きに子どもたちと考えることにしました。

　両端に分かれてスタートして、チーム戦をするゲームに変化しました。チームと考えれば落ちても気持ちが続くと考えたからです。しかし、あいかわらず上級生が残るゲームで、早々とアウトになると勝負がつくまでじっと応援になるので不満の声が上がりました。とくに低学年からの不満を感じました。

③ 『島取合戦・お助けバージョン』（低学年への配慮）スタート

　復帰できるようにすると最後までゲームへの参加に期待が持てると、お助けマン（1年生全員）を導入することになりました。1年生を守りながらの落としあいです。低学年がいないとできない遊びになったので異年齢集団の遊びになりました。

　しかし、1年生はねらいやすく倒しやすいので1年生がこわがってしまい気弱な子は入れない状況でした。と同時に、1年生が先にねらわれ、アウトになってしまい、単なるチーム戦になってしまいました。

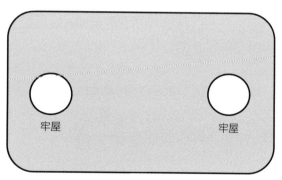

お助けシステムにより牢屋が誕生

④『島取合戦パートⅡ・攻防ポイント一本道バージョン』（協力のおもしろさ）スタート

　相手陣地への道を狭くすれば、みんなもそこに集中できて、みんなの活躍や助けあいがわかり、勝負のほかにも楽しみが出てくるのではないかと一本道を2か所つくりました。これはみんなが相当気に入った様子で、それぞれ自分なりのポジションにつけて、アウトになっても

味方が助けようと必死に突入する姿が見えるので思わず声も大きくなっていきました。おとなしい子は、後ろで待機して隙間ができたときに突入し、元気な子は最前線での攻防を楽しんでいました。勝敗がつくと、みんなの力で勝てたと感じて、団結感を半端なく感じていました。また、大きな声で指示を送るなどリーダーシップをとる上級生の子どもたちが増えてきました。

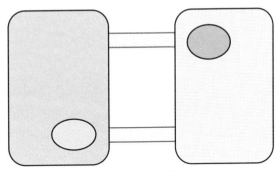

一本道が生まれ戦略が必要になる

⑤『島取合戦パートⅡ・天守閣』登場！（異年齢でからみ遊ぶおもしろさ）

　『島取合戦パートⅡ』が定着して楽しんだ期間が続きました。毎年、冬になると子どもたちから「そろそろ、『島取合戦をしないか？』」と提案があり、みんなが賛同するとはじまります（広場を占領してしまうのでみんなの同意が必要なのです）。賛同されるとたくさんのタイヤを並べるのでみんなでコートをつくる共同作業になります。そんなときに、子どもたちから「まんなかにタイヤを置いたらもっとおもしろくなるんじゃないか？」と置いてみることに。「天守閣」の出現です。

　やってみると天守閣のとりあいからはじまり、相手陣地に突入する攻防がさらにおもしろくなりました。天守閣をとると攻め方が増えるのです。天守閣のとりあいで強い子が倒れることも多々あるので戦力の変化がよくわかるようになってきました。

　牢屋からの救助もよくできるようになったので、復帰できる場所（復帰タイヤ）の設定もできあがりました。上級生が協力するなか、突破して仲間を助けるときの1年生のうれしい顔は最高で、低学年も率先して遊びに参加できるようになりました。男女関係なく没頭して遊び、みんなが一つになれる遊びになりました。身体をぶつけあって遊び、泣き、笑い、感動がふんだんにあったのが大きな要素でした。本当におもしろく楽しいあそびでした。

　タイヤを跳びまわって遊ぶのでバランス力や素早く跳びかけめぐる能力も必然的につき、ほかの遊びや登山するときの基礎体力もつきました。学童クラブの活動や行事に大きな幅ができました。

みんなが楽しめる遊びは？

　みんなが楽しめる遊びは、一足飛びでできるものではありません。この『島取合戦パート

『Ⅱ』も子どもたちのなにげない遊びからみんな（全員）が楽しめるようにと、子どもたちとともに考えて時間をかけてできたあそびです。ときには、みんなと話しあい考えあいました。

　こだわりはたった一つ、「どの子もからみあって楽しめる！」です。一つの遊びは、遊び方が一つではありません。集団が変われば遊び方を考えなければ全員がからみあって楽しめません。その集団にあわせて変える必要があります。またその集団が成長し、遊び方を変えるともっと楽しくなります。指導員は子どもたち全員の遊ぶ姿を見ながらあそべる視野を持ちましょう！　どの子が楽しんで、どの子がつまらなさそうなのかを感じられます。願いを持ちながら遊び、見つめましょう。つまらなそうな子を見つけたときが遊びを変化させるチャンスです。

　子どもたちの目線で一緒に全力で遊びましょう！　その遊びのおもしろさや難しさがわかります。難しさを感じたときが遊びを変化させるチャンスです。子どもたちの発想力と指導員の経験をあわせると、きっと楽しい遊びと遊び方が出てくると思います。私にとってこの『島取合戦パートⅡ』は、遊びの考え方の基礎となりました。

　あらためて言います。子どもたちにどのような人になってほしいかの願いをしっかりと持ちましょう！　願いをもって遊ぶと子どもたちは遊びのなかで仲間とともに育っていくのですから……。（四方）

（コラム）

みんなと遊ぶって？

なぜ、日本の人たちは人間になるのをやめようとするのか？

　私が子どものころからこの 60 年の間に子どもたちは大きく変化してきました。私が高校生のときには教育の現場では「三無主義（無責任・無関心・無気力）」の子ども世代だと言われてきました。科学が発展してオートメーション化されはじめて、子どもの手伝いがなくなってきた世代です。手伝いは責任感と上手くこなすための関心とやり遂げる気力がないとできません。

　その後「四無主義（＋無感動）」となり、「五無主義（＋無作法）」の子ども世代にまでなってきました。遊びにテレビゲームなどの虚空間で遊ぶことが多くなった世代です。失敗するとリセットができ、生身の人とのぶつかりあいがなくなり感動と作法がつかなくなってきたのです。

　現在は「六無主語（＋無受容）」にまでなったと私は思います。学校での授業時間の増加と大人が仕切ること（塾・スポーツクラブなど）の増加で本来の遊びをする時間がなくなってきたのです。自主的・能動的な遊びのなかで多くの異年齢の仲間と交わってこそ、相手の心にふれ受容しあう心が育つのですが、その機会がなくなったのです。

　このように手伝いと遊びがなくなってきたことで人間として生きていく力（身体能力・共生能力・創作能力・適応能力）が育ちにくくなってきており、まさに人は人間になるのをやめようとしているように思われます。

　「おぎゃあ！」と生まれた瞬間は、昔も今も変わらず一緒です。その後、どう保育するのかで決まります。乳幼児期〜学童期の成人になる基礎をつくる時期が一番大切だと思います。

　教育（教えて育む＝その時代・その社会で生きていく力を習得する）も大事ですが、保育（保護しながら自立を求めて徐々に保護を薄め育む＝人間として生きていく力を習得する）のなかで人間として生きていく土台をしっかりと育むことが最も大切だと思います。

　実空間で遊び・こだわりあう異年齢仲間で遊びあい・昼間にたっぷりと遊ぶと生きていく力がつきます。みんなで考えあいましょう！　未来のために！

みんなと遊ぶって？……

　みんなと遊ぶって、みんなが楽しみおもしろかったとなることが大切ですね。私の子どものころ、町内の地域に同学年の男子はいませんでした。上級生になり地域に帰ると、下の子たちと遊ぶしかありません。自分の思うまま好き勝手にすると、下の子たち

が離れて遊べなくなります。かといって、下の子のレベルにあわせると自分がおもしろくないのです。自分も下の子も楽しむ遊び方を追求するしかなかったのです。低学年たちは、私のこだわり続けなければいけない仲間でした。そんななかであそび、育ってきました。

　学童保育でも、子どもたちみんなにこだわるのが常で、遊んでいるときにみんなが楽しんでいるのかがいつも気になってしまいます。つまらなさそうな顔を一人でも見ると、仲間関係だけでなく、あそびそのもので楽しくないところも発見できます。

　異年齢でのあそびを充実させると子どもたちの仲間関係も強く深くなります。一人ぼっちがなくなります。

　だから、仲間関係に、遊びに、遊び方にこだわるのです。

・遊んでアウトになり勝負がつくまで待機となると、集中力がかけてきます。復帰できる要素があり、緊張とスリルを感じること。
・技術力・体力が違っても、ヒーローになるチャンスがあり、その見通しが見えること。
・体力が少なくても、ゲームのなかで大切なポジションが見えること。
・体力や技術力があまって物足りない部分をサポートなどで楽しめること。
・身体がふれあって仲間を身近に感じること。
・時間がきてもスッキリ、「やったー！」と終われること。
・ルールが難しくてもわかっていける工夫があること。
・あそびに興味がない子も興味がわく工夫をすること。
・ある程度トラブルも起こり、考えあう要素があること。
・あそびの途中でも、新たにあそびたい子が参加しやすいこと。
・参加する子どもたちの体力差・技術力差・人数の規模などをふまえてみんなが楽しく遊べるコートの広さやあそび場などを工夫していくこと。
・子どもたちとの遊びや生活のなかで子どもたちが興味を持ちはじめたことを察知して遊びやとり組みに導入し、学童保育生活にロマンを感じられるようにしていくこと。

　などなど、みんなと遊ぶあそびをおもしろくする視点があります。振り返ればみんなの笑顔が見える遊びができるのではないでしょうか。
　あったかい仲間関係をつくっていきましょう！

（四方 則行）

この本で大切にしていること

1　遊びについての指導員の悩み

　学童保育は「放課後児童健全育成事業」という名前のもと、現在、国の支援事業として実施されています。この事業を定めた児童福祉法のなかで示されているように、学童保育は「遊び及び生活の場」を通じて子どもたちの成長・発達を保障する営みととらえられてきました。なかでも「遊び」は、学童保育の生活において「成長・発達の土壌」と考えられ、「放課後児童クラブ運営指針」のなかでも成長・発達のための「他に代えがたい不可欠な活動」と位置づけられてきました。

　しかしながら、成長・発達の糧である子どもたちの「遊び」は、現代社会では衰退や危機に瀕しています。たとえば、1970年代前後に登場した言葉に「三間の喪失」があります。三間とは「時間・空間・仲間」をさし、それは子どもたちの生活環境のなかから遊ぶために必要な「時間・空間・仲間」が失われてきていることを指摘した象徴的な言葉でした。実際、1970年代以降に行われた子どもたちの放課後生活に関するさまざまな調査は、子どもたちの遊びの衰退を示してきました。そして、今、新たな言葉として「ス漬け（テレビやスマホを表す「スクリーン」、塾や習い事を表す「スクール」、スポーツ産業を表す「スポーツ」）」という表現も、子どもたちの遊びの衰退・危機を表すものとして出現してきています。

　こうした遊びの衰退・危機は、学童保育の現場にも広がってきており、若手指導員はもちろんのこと、ベテラン指導員でも、遊びが子どもたちにとって大切であることはわかるのだけれども、放課後生活のなかでどのように遊びを広げ、深めていけばよいのか、悩みを抱えています。多くの指導員が抱えている悩みは、たとえば次のようなものです。

　鈴木　若い指導員に聞いてみると、「遊びをやらない・やりたがらない子が多くなった」という声がありました。遊びをしないで本を読んでいたり、宿題が終わらないと遊びにいかないという子どもが増えているようです。「遊びが続かない」という悩みもありました。たとえば、一緒にドッジボールをしていても、別の場所でサッカーがはじまると、途中で「抜けていい？」とサッカーに加わり、そのあとサッカーもすぐにやめて次はオニごっこに入ったりと、遊びに没頭していないというか、いろんな遊びを回っていく子どもたちの姿が多く見られるようです。

　ほかにも指導員としか遊べない子どもや指導員に一緒にいてほしいと言う子どももいます。いつも元気に野球をしている男の子たちですら、「ここにおって見といて」って言うんです。理由をたずねたら、トラブルになったり、もめたりするからだそうです。自分たちだけで遊べない子

どもが増えたのかなと思います。そもそも遊びに加わらない子どももいます。みんなに「一緒に入る？」とたずねられても、「見てるだけいい」と断る姿が見られます。

札内 若手の指導員さんから聞いた悩みは、負けることを受け入れられない子どもの姿への対応でした。子どもとオセロをしていたとき、指導員さんの方が優勢で、子どもが負けそうになると、オセロをグチャグチャに混ぜ、「私の勝ち」と言う子どもがいたり、カルタをしているときに、まだ読んでいないカルタを「私のもの」と何枚かとろうとする子どもがいたりして、対応に悩んでいるようでした。

金子 全体遊びで「絶対しないとダメ？」「強制？　それって強制？」と聞いてくる子どもが多くいます。「強制じゃないよ」とは答えているのですが……

　これらの悩みは、執筆者で遊びに関する座談会を開催した際に、現場の指導員からの悩みとして寄せられたものです。遊びに関して指導員の多くが困っていること、悩んでいることは、大きく分けると二つあるようです。一つ目は、そもそも遊ぶことに前向きでない子どもや遊びに加わらない子どもにどのようにかかわっていけばよいのかという悩み。二つ目は、遊びのなかで起こるトラブルへの対応です。

　以下では、こうした指導員の遊びに関する悩みに応えていきたいと思いますが、その前に、まず共有しておきたいことが一つあります。それは「遊べない子ども」はいないという子どものとらえ方です。たとえば、座談会のなかで重木さんは、次のような経験を語ってくれました。

重木 やっぱり大事だなと思うのは（全体での遊びを）やってみたら、「楽しかった」って感じる子どもが多いことです。全体遊びに入るのをいやがっていた子どもが、遊び終わったときにニコニコになって帰ってくることが多いから、遊びに加わることの楽しさを経験するきっかけに全体遊びはなると思っています。

　この重木さんの経験談の背景には、子どもたちは必ず遊びを楽しむことができるようになるという確信・信念とも呼べるものがあります。「遊べない子ども」はいない、みんな遊べるようになっていく。そうした確信を指導員が持っているのです。この子ども観にもとづき本書では、子どもたちを遊びの世界に誘い、豊かな遊び文化を生み出すために、この本の執筆者である指導員

たちがなにを大切にし、どのように子どもたちとともに遊びを深め、豊かにしてきたのかを伝えたいと思います。そのなかで、先ほどの遊びについての指導員の悩みにも応えていきます。

2　遊びへの誘い

　先に紹介した学童保育での遊びに関する悩みのなかに、遊びに前向きでない子ども、たとえば1人で本を読んでいたり、遊びに加わらない子ども、指導員とのみ遊ぶ子どもたちの存在があがっていました。こうした子どもたちの遊びの世界を広げ、豊かにしていくためには、新たな遊びとの出会いをつくりだす必要があります。本書では、新たな遊びとの出会いをつくり、子どもたちの遊びの世界を広げるために、以下の3つを大切にしたいと考えます。

（1）チャンスをとらえ、つくりだす

　指導員は子どもたちを遊びに誘う担い手としての役割を学童保育での生活のなかで果たしています。たとえば、全体遊びの時間を設定することで、子どもたちの遊びの世界を広げようとすることも、そうした手立ての一つです。しかし「絶対しないとダメ？」という子どもの訴えがあらわすように、遊びの場と機会を設定し、誘いかけるだけでは、子どもたちを遊びの世界に誘うことはできません。子どもたちと新たな遊びとの出会いをつくりだし、遊びの世界を広げ、豊かなものにしていくためには、指導員が日々の生活のなかで子どもから発せられるサインを見とる必要があります。座談会のなかでは、そうした指導員の子どもを見とる目の大切さが「チャンス」と表現され、語られました。

> **札内**　コマ回しが学童保育で盛り上がってきたときのことです。コマがまだ回せない4年生と5年生の女の子が2人、隅の方でコマとコマヒモを持ってるんです。僕はそのとき、1年生や2年生と折り紙をやってたんですけど、区切りがつけられそうだったので、その女の子たちに「なにしよう、なにしてんの」って声をかけたんです。「コマ回すねん、でも、上手に回されへんねん」と言うので、「チャンス」がめぐってきたと思いました。その子たちは2人ともすぐにコマが回せるようになりました。とくに5年生の女の子はすごくセンスがよく、2日でコマ手乗せができて綱渡りも練習しはじめました。

> **鍋倉**　「チャンスがくる、今チャンス」という感覚はあるなと思いました。たとえば全然遊ばなかった子どもが指導員となら遊ぼうとしてきた。けんだまとかやったことのない遊びの道具を持っていたり、子どもが興味津々で遊びを見ていたら、「今チャンスだな」と思ったりします。そういった小さな場面をチャンスととらえ、しかけていく。そのことで、その子の遊びとか、かかわりがどんどん広がるのかな。チャンスは、毎日子どもとかかわって、意識して見てないと見えないんだろうなと感じましたし、そのチャンスがくるような場面をつくっていくこともすごく大事だと思いました。

札内さんや鍋倉さんが語るように、子どもが遊びに興味を示した瞬間をとらえ、それを足場に子どもたちと新たな遊びの世界を橋渡しすることが大切です。しかし、「チャンス」は見出すだけにとどまりません。鍋倉さんが指摘しているように「チャンス」をつくることも指導員の大事な働きかけの一つです。そうした経験談を前田さんが座談会のなかで話してくれました。

> 前田　指導員になったばかりのころ、子どもたちに紹介できる遊びの種類も少なかったので、運動の苦手な子なんだったら光らせられるかなと思っていました。本を読んだり、遊びの研修にいくなかでコマ検定表とかつくっていくと、運動が苦手でもコマが上手で光ってくる子ども、畑をつくって農園をはじめたら農園で光る「畑のエース」みたいな子どもが現れてきました。いろんな遊びがあれば、いろんな子が光る。遊べないというのは自分にあう遊びがないから遊べてないのであって、やっぱりたくさんの遊びがあるのがいいなって思います。

　この前田さんの働きかけは、「チャンス」を待っているというよりは、「チャンスがくるような場面をつくっていく」働きかけ、つまり放課後生活のなかにさまざまな遊びの種をまく働きかけです。子どもたちを新たな遊びの世界に誘うためには、「チャンス」を見逃さない鋭い目とともに、「チャンス」をつくるための指導員のやわらかな発想と計画・準備も必要です。

(2) 人とかかわる楽しさを

　毎日、1人で本を読んでいる子どもや遊びに加わらない子どもたちに指導員は、どのようにかかわればよいのでしょうか。本を読むのが好きなんだから、ほかの遊びをしなくてもいいじゃないかという意見もあると思います。そうした子どもたちが持つ選択の自由の大切さを理解したうえで、この本では、そうした子どもにもやっぱりほかの子どもと一緒に遊ぶことに加わってほしいという願いを込めて「なかま遊び」というタイトルをつけました。その理由は、遊びの楽しさの本質の一つは人とかかわることそのものにあると考えるからです。たとえば、この点について四方さんは次のようなエピソードを語ってくれました。

> 四方　恐竜が大好きで、恐竜のマネをして走り回っている1年生の男の子がいました。「おやつの時間だから入ろう」と言っても入らずに、自分勝手に1人で走り回って遊んでいることも結構ありました。クラブにはすべり台があり、子どもらはそれが結構好きで、思いおもいにすべってるんです。その子も恐竜として「ガオー！」と叫びながら、すべり台を楽しんでいました。すべり台ってネットの上に乗ると、めっちゃ速くすべるんです。だからそのネットを用意し

て「これにみんなでくっついてすべろう、USJ のジェットコースターや」と提案したんです。ただし、密着しないと危ないんで「ペタッとくっつこう」と伝え、思いっきりすべらせてあげたら、キャッキャッと遊んでいました。そこから人とつながってやることの楽しさをその子はちょっと知ったみたいで、集団遊びに最初はなかなか入らなかったけど、「みんなと遊ぶっておもしろいやろ」って言うと、「ちょっと見とくわ」と言いつつ、しばらくしたら入ってきはじめました。人とのかかわり、人とくっつくことの体験が少ない子が結構多いんかな。だから、きっかけをつくると入っていくんかなというのは、ここ最近の経験のなかにあります。

　『遊びと人間』という遊びに関する古典といえる本があります。そのなかで著者のカイヨワは「遊びには、注意深い共感的な同席者が必要なのである。いかなるカテゴリーの遊びといえども、この法則を免れることはできないようである」と述べ、「共感的な他者」の存在が遊びには不可欠であると指摘しています[1]。先ほどの四方さんのエピソードは、まさにともに「楽しさ」を共有する「共感的な他者」の存在が、子どもを集団遊びに誘うことを示しています。

　「共感的な他者」の存在が子どもたちを遊びの世界に誘い、遊びの世界を広げることは、これまでの遊び研究でも明らかにされてきました[2]。たとえば乳幼児の保育の世界では子どもたちの遊びに向ける気持ちを高めることが保育者の遊びの指導として大切にされてきました。オニごっこでオニとなった保育者は「つかまえるぞ」「オニだぞ」と言葉をかけつつ、手をあげながら、子どもたちを追いかけます。こうした声かけは、同じオニの子どもたちのなかに保育者とともに追いかけることの楽しさを呼び起こすと同時に、オニから逃げている子どものドキドキ感を高め、オニとコの双方の子どもたちの間でオニごっこに向ける気持ちを高めるきっかけとなります。つまり保育者の「つかまえるぞ」「オニだぞ」という声かけによって子どもたちの遊びに向かう情動が高まり共有され、子どもたちは「共感的な他者」として結びつくのです。そうした人とのかかわり、そしてそのなかで生み出される共感が子どもたちを遊びの世界に誘うと考えられてきたのです。人とかかわることそのものを遊びの楽しさの本質ととらえ、人とかかわることを遊びのなかで大切にする、それが本書のなかでみなさんに伝えたいことです。

(3) 遊びの楽しさは千差万別
　座談会のなかで重木さんが次のような遊びの経験を語ってくれました。

年をとってしまったこともあり、子どもたちにオニごっこに誘われるとすごく気が重かったんです。「私がオニになったらおもしろくないよ」って言ったら、子どもたちは「じゃあ重木をつかまえんとこ」って言うんですよ。「それじゃあオニごっこに入っている意味なくない？」と子どもたちに言うんですけども、子どもたちは「一緒に遊びたい」って言ってくれたんです。「じゃあ『しげルール』つくろう」となって、私がオニになったら、子どもたちが私のまわりに集まってきてくれて、私がだれかにタッチする、とそれだけのルールなんです。それが1年生にも適応されたり、オニごっこしたくないという子がいたら「大丈夫、しげルールあるよ」って教えてあげたりするようになりました。

この重木さんのオニごっこの経験は、遊びの楽しさがいかに多様で、子どもによって千差万別であるかを教えてくれます。「しげルール」のもとで遊んでいる子どもたちのなかには、おそらくオニから逃げることを楽しむ子どももいれば、オニとして追いかけることを楽しむ子ども、重木さんからタッチされることを楽しむ子どもなど、さまざまな楽しみを感じていると想像できます。私たち大人からすると「それって楽しいの？」と疑問に思うようなことで

も、子どもたちにとっては楽しい遊びになっていることがあるのです。

　本書の執筆者の一人である札内さんは、かつて氷オニについて自分がこだわってきた遊び方が、子どもたちの楽しみ方と異なっていたことを発見しました[3]。氷オニという遊びを左右する要素の一つに、オニの人数があります。札内さんによると、多くの指導員は「オニが必死になってがんばったら、全員をアウトにできるところにおもしろさがある」と考え、その緊迫感を味わえるオニの人数を見極めることを遊びのコツと考えていました。ですが、札内さんの相棒の指導員は子どもたちが途中で遊びをやめてしまう姿を目にし、オニ役の子どもを少なくし、緊迫感のある氷オニではなく、のんびりした雰囲気のなかで氷オニを遊ぶことを試してみたところ、全員を氷にできなくても、楽しく遊ぶ子どもたちの姿が見られたそうです。

　「この遊びはこのように遊ぶもの」という大人の固定観念を捨て、子どもたちが遊びのなかでなにを楽しんでいるのか、すなわち子どもたちの内面の情動に目を向けることの大切さを重木さんや札内さんの経験は、教えてくれています。

　遊び研究で著名な河﨑道夫さんは遊びの過程を「様式化」と「脱様式」と表現しています[4]。コマを例にとると、コマを回せるようになる過程が「様式化」です。学童保育でもよく見られる風景だと思いますが、子どもたちはコマを回せるようになると、コマを上下逆さまに回してみたり、コマを転がしてみたり、2本のヒモを使って回してみたりと、「様式化」で身につけ

たコマ回しから逸脱した行為をはじめます。これが「脱様式化」です。「様式化」と「脱様式化」が自由にくり返されることが遊びが遊びであるゆえんであると河﨑さんは述べます。

「脱様式化」が起こるのは、そこに子どもたちが楽しさを見出しているからです。つまり「様式化」と「脱様式化」のくり返しは、遊びの楽しさが豊かに変化していく過程ともとらえられるのです。子どもたちの遊びの世界を豊かにしていくためには、子どもたちが遊びのなかでなにを楽しんでいるのか、子どもたちの内面の情動に目を向け、多様な「楽しみ」を子どものなかに発見し、それを子どもたちと共有する姿勢が大切だと考えます。

3 みんなで遊ぶためのしかけと工夫

(1) キーワードは「納得」と「出番」

仲間とともに遊ぶ集団遊びでは、子ども同士のトラブルが必ず起こります。オニごっこで1人の子どもばかりをねらったり、タッチされたのにオニにならない子ども、隠れオニの際、隠れてはいけない場所に隠れる子ども、オセロで遊んでいるときに、負けそうになったらオセロをひっくり返す子どもなど、遊びのなかではさまざまなトラブルが起こります。座談会のなかでも多くの指導員が、そうしたトラブルにどのようにかかわるべきなのかに悩んでいることが報告されました。

このことについて四方さんは本書のコラム（p.149）のなかで「ルールはゲームの進行や技能や力の差があってもみんなが楽しめるようにするためのもので トラブルを抑えるものではない」と語っています。実際、四方さんは「遊び開発研究所」を立ち上げて、遊びで起こったトラブルを子どもたちで話しあい、遊びの工夫やルールの改変へとつなげてきました。そうしたなかで生まれてきたのが本書で紹介している『SOS遊び』や『止まり木オニごっこ』などです。

遊びのルールに関する四方さんの言葉は、「みんなで遊ぶ」ことを追求する際、指導員が常に頭に入れておきたい言葉です。そして、この言葉にもとづき遊びに工夫を施したり、ルールを変えていくためのキーワードとなるのが「納得」と「出番」です。

「納得」とは、トラブルが起こった際に子どもたちと話しあい、どうすればいいかを考えることの大切さを表したものです。四方さんのコラムのなかに登場する「あったかルール」（p.150）や重木さんのコラム（p.90）で語られているドッヂビーのルールの変化は、そうした「納得」を子どもたちとつくりだし、「みんなで遊ぶ」ことを実現したエピソードです。

もう一つの「出番」とは、年齢や体力、経験も異なる子どもたちがともに楽しく遊

ぶためには、それぞれの子どもたちに「出番」や「役割」をつくることの大切さを表したものです。座談会のなかで四方さんは異年齢の子どもたちが集団で遊ぶことについて、次のような願いを語ってくれました。

> **四方** 異年齢で集団で遊ぶことには、すごいこだわってきました。集団で遊ぶためには、たとえば、オニがいやな場合はすぐオニが交代できるようなしくみがその遊びのなかにあれば解決できます。『止まり木オニごっこ』は必然的に助けあいができます。なかなかつかまえられない子は味方に助けてもらえます。そこのところにも交流があってオニに対しての慣れが出てくるから、低学年の子にとっても遊びを楽しむ経験ができます。これは集団のよさというんかな、異年齢集団のよさがここにあると思うんで、だからこそ、こだわっているんです。

　遊びの楽しさの本質の一つは「人とかかわること」にあると本書では考えています。集団遊びには、人とかかわりながら遊ぶことが凝縮されています。自分の持ち味や得意なことが発揮でき仲間に認められること、上級生から頼りにされること、仲間から感謝されるといった人とのかかわりが生み出されることが、集団遊びの魅力と言えます。しかし、その魅力を引き出すためには、工夫が必要です。年齢や体力、経験も異なる子どもたちが「出番」を持ち、「あてにされる」瞬間をいかにつくり出すか、そのことを大切にしながら遊びの工夫やルールを考えていくことが肝要です。本書で紹介している『SOS遊びのいろいろ』『王様姫様ドッジ』『山道』は、そうした「出番」をつくることを子どもたちと相談するなかで生まれてきた遊びです。

(2) 気持ちをつなぎあう

　本書では、手軽に「みんなでの一体感」を感じられ、つながりあえることの楽しさを味わうことも、遊びのなかで大切にしたいと考えました。とくに、1年生が入所してきた春は、そうした遊びを通じて新しい仲間に学童保育での遊びの扉を開けてあげたいと思います。『王様と旅人』や『帰ってこいよ』『集団グンカンオニごっこ』といったpart1で紹介している遊びは、その代表的な遊びです。『脱獄』や『大根抜き』も、手軽に仲間との一体感を感じられる遊びです。極めつけは『ビッグだぜ！　花いちもんめ』です。大人数でも、つながりあえる楽しさを味わえます。

　遊びのなかでの子どもたちの内面の情動に目を向けたとき、これらの遊びでは、共通の情動が起こります。たとえば、『大根抜き』では子どもたちは腹ばいに寝そべり、手をつないで輪になり、オニに足を引っ張られ、抜きとられないように必死で手をつなぎあいます。その気持ちへの共感と共有が、この遊びの醍醐味であり、子どもたちを結びつけていくきっかけとなるのです。

　四方さんや重木さんがコラムのなかで述べているように、こうした遊びでは敷居が低い、つまり遊び方やルールが簡単で、すぐに加われることも大切です。気軽に遊びに加わることができ、仲間との一体感が味わえる、そこが肝心です。

　「みんなで」という言葉を別の言葉で表現するなら「協働」や「共同」が浮かびます。「協働」とは全員が異なる役割を持ちながら、一つの目的に向かって協力していくことをさします。「共同」は、ラグビーのスクラムのように全員が力を寄せあい、一つの目的に向かって協力することを意味します。一人ひとりの子どもの「出番をつくる」ことを「協働」と考えるならば、「みんなでの一体感をつくる」ことは「共同」と言えるかもしれません。同じ時空間のなかで、同じ気持ちを共有する、それも「みんなで遊ぶ」ことの醍醐味の一つです。

（3）内面的な「楽しさ」を広げる

　遊びの過程を「様式化」と「脱様式化」のくり返しによる遊びの発展ととらえるならば、「様式化」からの逸脱である「脱様式化」には、「逸脱する楽しさ」が子どもの内面に湧き起こっていると考えられます。河﨑さんが指摘するように、この「逸脱による楽しさ」が遊びを多様に発展させ、遊びを豊かにしていくきっかけとなるのです。

　本書で紹介する遊びのなかにも、そうした「逸脱による楽しさ」が生まれ、子どもたちの遊びとして定着していった遊びが紹介されています。『しりとりグリコ』や『リンゴの皮むき』『いろものオニ』『日本オニ』などは、そうした遊びです。

　『しりとりグリコ』は、階段で行うじゃんけんグリコから子どもたちが発想をふくらませ、グリコにしりとりを加えた遊びです。『いろものオニ』では、色オニが「色」だけでなく「三角のもの」「重たいもの」「葉っぱ」など「もの」にも広がっていきました。いずれも子どもたちのなかから生まれた発想（様式化からの逸脱）を起点に、その発想の楽しさをお互いが楽しむなかで遊びとして定着していったものです。

　子どもの内面の情動に目を向けると、それぞれの子どもたちの内面に生じる「楽しさ」に応じた遊びを用意することが大切であることもわかってきます。札内さんがコラム（p.54）で書いているようにオニごっこの楽しさは「対立を楽しむこと」にあると言われています。「追いかけること」と「逃げること」という対立的な役割関係を楽しむことがオニごっこへの誘いとなります[5]。

　しかし「逃げること」を楽しむと言っても、その楽しみ方は子ども一人ひとりによって異なるかもしれません。オニに追いかけられることを楽しむ子どももいれば、まさに逃げることそのものに夢中になっている子ども、逃げながらもオニにつかまることに楽しさを見出している子どももいます。こうした一人ひとりの「楽しさ」に目を向けることが、遊びに工夫をするきっかけとなります。

　札内さんは「追われる楽しさ」を子どもたちに味わってもらうために『ゴリラオニ』を、「追いかけること」の楽しさを子どもたちに伝えるために『果物オニ』を考え、オニごっこ遊びの一歩手前にあるあそびとして提案しています。遊びのなかで一人ひとりの子どもが、なにに「楽しさ」を感じているのか、あるいはなにを「おもしろくない」と感じているのかに目を向け、それに寄りそうことで、「楽しさ」を引き立てる工夫ができます。

　さらに保育園において見られる「まてまて」「つかまえるぞ」という保育者の声かけと同

様、学童保育の遊びでも、指導員が声をかけることが大切です。ルールを守ることやズルを注意すること以上に大切にしてもらいたいことは、子どものなかの情動、つまり「楽しさ」や「みんなとの一体感」、ドキドキワクワクを指導員も共有し、それを高める声かけを行うことです。座談会のなかで札内さんが次のように語ってくれました。

> **札内** オニごっこでオニになるのをいやがる子どもは、オニになって 1 人だけでみんなを追うことに不安を感じ、いやになったりするんです。『どっかん』や『王様陣とり』も追ったり、追われたりするんですけど、1 人じゃないんですよね。追われてても仲間がいるという思いもあるし、アウトになっても助けてもらえるという見通しがある。そこがオニごっことは違って、みんなが楽しめる活動になりやすく、子どもたちの要求になりやすい遊びなんだと思ってきました。

「追われてても仲間がいる」「アウトになって座っても助けてもらえるという見通しがある」、そうした気持ちに向けて声をかけていくことも指導員の役割です。指導員が、子どもたちと遊びの世界をともに経験し、「共感的な他者」として子どもたちに寄りそい、子どもの内面に生じる「楽しい」「おもしろい」という情動に向けて声をかけたり、そうした情動を高める工夫を子どもたちと一緒に考えていく。そうした子どもの内面に生じる「楽しさ」を広げるかかわり方を大切にしてもらいたいと思います。

遊びの本質は「夢中になること」にあります。子どもたちの内面に「ドキドキ、ワクワク、ハラハラ」という情動がわきおこる営みこそが遊びなのです。本書では、そうした遊びのなかでの心の揺れ動きを大切にしてきた指導員が、日々の学童保育の生活のなかで遊び、伝えてきた「あそび」を紹介するとともに、そうした心の揺れ動きを子どものなかに育み、子どもたちとわかちあうための工夫をまとめました。本書が学童保育をはじめとする学童期の子どもの遊びを見つめ直す視座を提供し、子どもたちの遊びを豊かにする一助となることを期待しています。

(二宮 衆一)

1　R.カイヨワ、清水幾太郎・霧生和夫訳（1970）『遊びと人間』岩波書店、60 頁。
2　田中浩司（2014）『集団遊びの発達心理学』北大路書房。
3　札内敏朗（2011）「指導員が見つけ出し、創り出していくあそびへのこだわり」学童保育学会『学童保育』第 1 号。
4　河﨑道夫（2022）『あそびが語る保育と発達』かもがわ出版。
5　「現代と保育」編集部編（1996）『おにごっこ・ルールあそび：対立を楽しむあそび』ひとなる書房。

おわりに

「いっぱい遊びたいから宿題早く終わらせた！」「まだ家に帰れん！　遊ばないといけないから！」

　子どもにとって遊びはなによりも大事なことです。「ひま〜」「なんかしよ〜」と言ってうろうろしながらおもしろそうなことやあそびなかまを探していることもあるでしょう。おもしろそうな「匂い」に敏感で、「あつまれ〜」なんて言わなくても、子どものかたまりやにぎやかな声の発信源を見つけては、次々にかけ寄っていくことでしょう。その「子どものかたまり」は「なかま」のタネです。

　でも、すんなりとは「なかま」にならないかもしれません。「へんなことしてきてジャマ！」と言われたり、「あの子は下手だから入れない！」「あいつは役に立たない！」と言われたりして「なかまはずれ」になってしまう子が出てきてしまうかもしれません。それは、私たち指導員もですが、子どもにとってもすごく悲しいことです。子どもが「なかま」になるためには、遊びのルールや遊び方に工夫が必要となることがあります。本書の遊びや、遊びのルール、遊び方の工夫は、きっとその手がかりになることでしょう。

　本書を読んだ方には、まずは自分が楽しそうだと思った遊びや、子どもたちと一緒に遊びたいと思った遊びから「はじめの一歩」を踏み出してみてください。学童保育の環境はそれぞれなので、今の環境で「これなら遊べそう」と思った遊びでも構いません。

　もし、その遊びが「いまいち」だったら、ほかの遊びをやってみてもいいでしょう。あるいは、ひとつの遊びでも、みんながおもしろくなるように子どもたちと一緒に遊び方を工夫してみてもいいかもしれません。「野球」は『庭球野球』（p.82）のように「投げマネルール」や「五振ルール」だったら楽しめる子がいるかもしれません。そんなふうに「だったらさがし」をして、なかまみんなが楽しめる「イチオシ」の遊びを、子どもたちと一緒に生みだしていってほしいなと思います。

　遊びが自分たちのものになったときには、遊びの名前も自分たちにふさわしい名前になっていくこともあります。『お隣さんの置き土産』（p.141）は、ある学童では「おとなりさん」になっています。また、ある場所では、「お土産」になるようなものが「かまぼこ板」しかなかったためそれを使って遊んでいたのですが、その子たちにとってこの遊びの名前は「かまぼこ」になりました。「『かまぼこ』しよう！」の合言葉が、その子たちのイメージと楽しかった記憶と気持ちをふくらませる「イチオシ」の遊び、「イチオシ」の名前です。

「いま、いいところ！」「いいこと思いついた！」「もう1回！　もっと遊びたい！」

　「楽しいい！」「うれしいい！」「おもしろいい！」がいっぱい！　「もっと！」がいっぱい！子どもたちがなかまとの毎日をもっと楽しみ、なかまとの毎日がもっと充実するような遊びの世界をつくっていってほしいと願っています。

（鍋倉 功）

執筆者一覧（五十音順）

● 金子 友紀（北海道　学童クラブチャランケ）……子どもと一緒に遊びをつくり、遊びを通して学び合う。仲間と共に育ち合えるって幸せです。

● 木村 美登里（神奈川県　鶴見たけのこ学童クラブ）……しょうがいのあるこもいっしょになってあそんでいます。こどもが考えるアイデアがステキ！

● 四方 則行（京都府　でっかいクラブ・なかよしクラブ・ともだちクラブ）……みんなが主役！　みんな仲間！　チャレンジとロマンのあるあったかい学童保育に、を大切にしています。

● 重木 奈穂美（石川県　のびっ子くらぶ）……試してほしい遊びが満載です。遊びながら、子どもたちとさらに発展させてください。

● 鈴木 理恵子（三重県　たんぽぽクラブ）……たくさんの遊びの中から、子どもたちと一緒に「めちゃ楽しい！」をいっぱいつくってみませんか。

● 鍋倉 功（福岡県　NPO法人学童保育協会主任研究員）……「子どもごころ98%」「遊びごころが一番ある大人」と子どもに言われる大人げない大人です。

● 二宮 衆一（和歌山大学教育学部教授）……「ドキドキ」「ワクワク」「ハラハラ」、そうした心が動く体験を子どもたちと共につくり、味わい、楽しんでください。

● 葉杖 健太郎（兵庫県　元学童保育指導員）……子どもと一緒に『遊んで、工夫し、改善して』子どもと指導員の笑顔が溢れる学童保育にしてください。

● 札内 敏朗（大阪府　太子橋わくわく学童保育・ひよこ学童保育所・中大江学童保育）……全国のたくさんの指導員さんと共にこの本が出せたことがとても嬉しいです。

● 前田 知彦（鳥取県　あおぞら児童クラブ）……この本に詰まっている遊びの工夫とこだわりをたいせつにしつつ、今の子どもたちに添うようアップデートしながら日々遊んでいます。

● 森川 武（沖縄県　港川ちゅら学童クラブ）……こども達と一緒にあそべる支援員。こんな幸せな仕事に就けたことに感謝しかありません。にふぇーでーびる。

● 門田 弘之（岩手県　巣子学童保育クラブ第一）……こんな本が欲しかった!!　ですよね。子どもたちとワクワクしながらぜひご活用ください。

イラスト　山岡 小麦／廣瀬 久子／松木 貴徳
カバー装画　おのでらえいこ
本文デザイン・装幀　山田 道弘
本文写真　すべて執筆者提供

うちの学童保育イチオシのなかま遊び
はじめの一歩〜もっともっと！

2024年7月17日　初版発行

編著者　　学遊会
発行者　　名古屋研一

発行所　㈱ひとなる書房
東京都文京区本郷2-17-13
電話　03-3811-1372
FAX　03-3811-1383
e-mail: hitonaru@alles.or.jp

©2024　組版／リュウズ　印刷／中央精版印刷株式会社